十万个为什么
探寻古老的文明
TANXUNGULAODEWENMING

《科普世界》编委会 编

内蒙古科学技术出版社

图书在版编目（CIP）数据

探寻古老的文明 /《科普世界》编委会编. —赤峰:
内蒙古科学技术出版社，2016.12（2022.1重印）

（十万个为什么）

ISBN 978-7-5380-2754-9

I. ①探… Ⅱ. ①科… Ⅲ. ①世界史—文化史—普及
读物 Ⅳ. ① K103-49

中国版本图书馆CIP数据核字（2016）第313124号

探寻古老的文明

作　　者：《科普世界》编委会
责任编辑：那　明　张继武
封面设计：法思特设计
出版发行：内蒙古科学技术出版社
地　　址：赤峰市红山区哈达街南一段4号
网　　址：www.nm-kj.cn
邮购电话：（0476）5888903
排版制作：北京膳书堂文化传播有限公司
印　　刷：三河市华东印刷有限公司
字　　数：140千
开　　本：700×1010　1/16
印　　张：10
版　　次：2016年12月第1版
印　　次：2022年1月第3次印刷
书　　号：ISBN 978-7-5380-2754-9
定　　价：38.80元

在 地球生命的进化过程中，只有人类把生存过程变成了一种文明。

文明在传承与创新中都带有不同的印迹，就如同一棵树有着自己的年轮一样。生活在今天的人类就想通过那些古老的痕迹去看看自己的祖先是如何生活的。对过去的访问既令人兴奋又让人有些不服气。因为种种迹象表明，那些曾被尘封的过去有着令人费解的神秘，对于已望向深空几十万光年的我们来说实在是一个不快乐的发现，本想用今日的科技向祖先骄傲地献礼，没想到，伟大的先人用他们更伟大的创造已在那里静待着我们，于是我们由骄傲变得谦卑，而人类之所以进步，就是因为有着这种自我反省的精神。今天，我们继续沿着前人铺好的路，去看看最初的文明是怎样的。

Part ❶ 科学奇迹

目录 Contents

Part 2 绝世建筑

非 洲

亚 洲

Part 3
古城遗址

Part 4
文物珍品

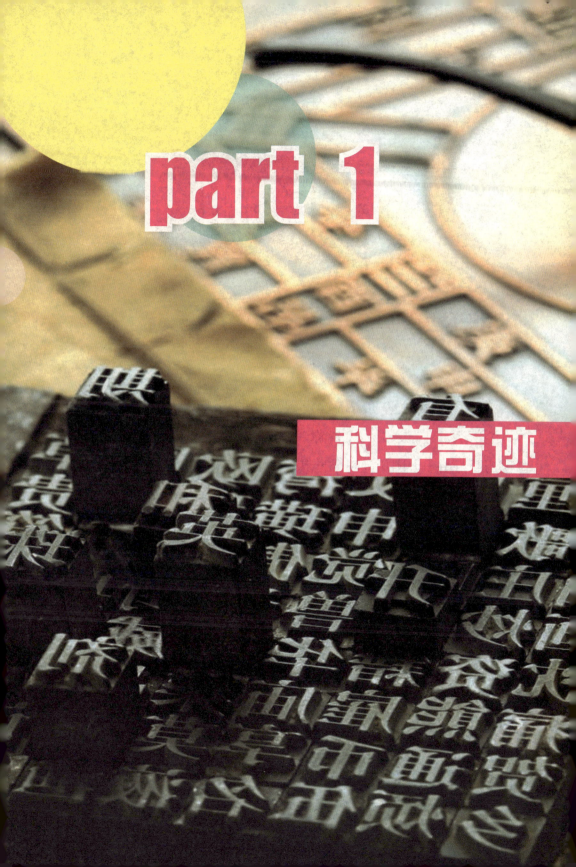

part 1

科学奇迹

非 洲

我们所用的历法为什么叫公历？

以太阳视运动为依据设置的历法，叫"太阳历"，简称"阳历"。由于太阳历为现今世界通用的历法，因此又被称为公历。

基于一年有 365.242199174 日，而并非刚刚好的 365 日，故现行公历每四年有一次闰年，即 2 月多了第 29 日。

知 识 链 接

人类文明的诞生

人类文明时代到来的标志，并不是从猿进化到人，因为远古的人类从原始的部落文化走向奴隶社会，才是人类文明真正诞生时。

▲ 太阳历是依据太阳运动规律设置的历法

古埃及象形文字是今天字母文字的基础吗？

公元前 3000 年左右，古埃及人创造了一种象形文字——圣书字。相比而言，圣书字还不如我国距今约 6000 年的西安半坡、临潼姜寨、宜昌杨家湾等古文化遗址的陶文字来得成熟。但在约公元前 15 世纪，腓尼基人借助这种象形文字创造了历史上第一批字母

科学奇迹

文字，共 22 个，只有辅音，没有元音字母（元音字母就是起着发声作用的字母），这就是著名的腓尼基字母。腓尼基字母较早传入希腊，演变成希腊字母，希腊字母滋生了拉丁字母和斯拉夫字母，成为欧洲各种字母的共同来源，为欧洲的字母文字奠定了基础。

知 识 链 接

象形文字是指纯粹利用图形来做文字使用，而这些文字又与所代表的东西在形状上很相像。一般而言，象形文字是最早产生的文字。我国的甲骨文、石刻文和金文都算是象形文字。

▼ 英文字母

A B C D E F G H I J
K L M N O P Q R S
T U V W X Y Z

十进制计数法为什么被大多数国家使用？

每两个相邻的计数单位之间的进率都为 10，哪一位上满 10 就进 1，如果是个位满 10 就向十位进 1，就叫作"十进制计数法"。

▲ 十进制计数法中每个相邻的计数单位之间的进率都为 10

在人类的记数史上，许多民族先后创造了许多记数方法，同时建立了相应的进位制度，如五进制、二十进制、十进制等。根据统计调查，采用十进制的达到了 47.5%，是使用最为普遍的一种进位制。

十进制产生的原因与人有十个指头有关。因为当人类尚处于屈指数"数"的阶段时，人们利用手指的屈或伸，记不大于十的数目是不会有什么困难的，而对于大于十的数目，就感到屈指难数了。于是，"十"就成了记数的一个关键点，它迫使人们去创造一种可以记十以上数的办法。

古埃及人很早就采用了十进制记数法。我国也是较早采用十进制记数的国家。早在三四千年前，我们的祖先已经发明了用在龟甲或兽骨上刻写的数码字，并且采用十进制记数了。

科学奇迹

亚洲

中国最古老的文字是什么？

　　甲骨文是刻在龟甲或兽骨上的文字。甲骨文被视为中国最古老的文字，那甲骨文出现之前，中国没有文字吗？其实从考古材料来看，在甲骨文以前，我国境内已有很多尚未成熟的文字符号出现，但这些文字多是由线条构成，大多数比较简单，只能称之为是中国文字的雏形。

　　而甲骨文与之前的文字符号相比表意更清楚，且有系统性。目前我国出土的带有文字的甲骨总共有十万余片，含有4500多个单字，其中已经识别的约有2500多字。这些甲骨文所记载的内容极为丰富，涉及商代社会生活的诸多方面，不仅包

括政治、军事、文化、社会习俗等内容，而且涉及天文、历法、医药等科学技术。甲骨文中形声字约占 27%，可见甲骨文已是相当成熟的文字系统。也因此甲骨文被认为是现代汉字的早期形式，是现存中国最古老的一种成熟文字。

甲骨文是怎么被发现的？

甲骨文是现存中国最古老的一种成熟文字。甲骨文又称契文、龟甲文或龟甲兽骨文，是刻在龟甲或兽骨上的文字。绝大部分甲骨主要发现于殷墟。殷墟是著名的殷商时代遗址，包括河南省安阳市西北小屯村、花园庄、侯家庄等地。这里曾经是殷商后期中央王朝都城的所在地，所以称为殷墟。

甲骨文最初是由清朝金石学家王懿荣发现的。有一次，他在翻看一味龙骨的中药时，看见上面刻着字，就觉得很奇怪，翻看药渣，没想到上面居然有一种看似文字的图案。后来他又收集了很多，经过长时间的研究他确信这是一种文字，而且比较完善，应该是殷商时期的。之后，经过人们的深入研究，认识到了这种文字的可贵，刻有甲骨文的骨片也得到了人们的爱护、收藏。

▲ 中医学博大精深，很多物品皆可入药

科学奇迹

古老的司南是指南针的鼻祖吗？

　　司南是两千多年前战国时期的指南工具，汉代时被称为地盘。现在我们看到的"司南"图其实是根据中国历史博物馆展品"汉代司南模型"绘制的。其底盘是青铜做成的，内圆外方，中心圆面磨得非常光滑，以保证勺体指示方向的准确性。使用时先把底盘放平，再把司南放在地盘中间，用手拨动勺柄，使它转动，等到司南停下来，勺柄所指方向就是南方。这种勺形司南直到 8 世纪时仍在应用。

　　到了宋代，劳动人民掌握了制造人工磁体的技术，又制造了指

 司南

南鱼。指南鱼比司南方便多了，只要有一碗水，把指南鱼放在水面上就能辨别方向了。经过长期的改进，人们又把钢针在天然磁体上摩擦，钢针也有了磁性。这种经过人工传磁的钢针可以说是正式的指南针了。

知 识 链 接

指南针为什么不能指向正南方向？

地球是个大磁体，其地磁南极在地理北极附近，地磁北极在地理南极附近。指南针在地球的磁场中受磁场力的作用，所以会一端指南一端指北。但指南针并不指向地球的正南方向，而是有所偏差。这是因为指南针指向的是地磁的南北两个极点，而这两个极点与我们所说的地理学上的南北两极并不重合。

在地理学上，地理南极是地轴的南端，地理北极是地轴的北端；地磁场在地球表面的两个极点与地理南北极并不重合，而且位置不固定。因此，指南针的指向与地理上的南北两极都存在一个偏角，即地磁偏角。

只有在无磁偏角的地方指南针才指向正南和正北方向。

科学奇迹

火药是怎样发明的?

　　火药是中国古代四大发明之一,是人类文明史上的一项杰出成就。火药发明距今已有一千多年了。火药是由古代炼丹家发明的,从战国至汉初,帝王贵族们沉醉于神仙长生不老的幻想,驱使一些道士炼"仙丹",后来在炼制过程中逐渐发明了火药的配方。

　　炼丹家对于硫黄、砒霜(砷)等具有剧毒的金石药,在使用之前常用烧灼的办法"伏"一下,"伏"是降伏的意思,以使毒性失去或减低,而这种手续称为"伏火"。到唐朝时,炼丹者们已经掌握了一个很重要的经验,就是硫、硝、碳三种物质可以构成一种极易燃烧的药,这种药被称为"着火的药",即火药。所以,火药的主要成分就是硝石、硫黄、木炭。

▼ 绚烂的烟花是对火药的创新应用

▲ 火药传入欧洲之后被迅速用于武器制作

为什么说火药的发明推动了文明进程？

13世纪，火药经商人从印度传入阿拉伯国家。阿拉伯国家与欧洲国家进行过很长时间的战争，在战争中阿拉伯国家开始采用火药武器。

很快，欧洲人也掌声握了火药武器的制造技术，对战争起到了决定性作用。以前一直攻不破的贵族城堡的石墙抵不住市民的大炮，市民的子弹射穿了骑士的盔甲。贵族的统治与身穿铠甲的贵族骑兵同归于尽了。随着资本主义的发展，新的精锐的火炮在欧洲的工厂中制造出来，欧洲国家军队装备了精良的武器，走出国门，开始在世界范围内开辟殖民地。从此意义上来说，中国的火药推进了世界历史的进程。

科学奇迹

▲ 经蔡伦改进之后的纸张是现代纸张的始源

蔡伦是纸的发明者吗？

　　造纸术是中国四大发明之一，是人类文明史上的一项杰出的发明创造。根据考古出土的文献可以知道，纸发明于西汉时期。早期的纸都是以木麻为原料制成的，又由于制作技术比较原始，纸张质地都比较粗糙。

　　东汉元兴元年（105 年）蔡伦改进了造纸术。他用树皮、麻头及敝布、渔网等做原料，经过锉、捣、抄、烘等工艺制造的纸，是现代纸的始源。这种纸，原料容易找到，又很便宜，质量也提高了，逐渐普遍使用。为纪念蔡伦的功绩，后人把这种纸叫作"蔡侯纸"。

造纸术在文化传播中起到了什么重要作用?

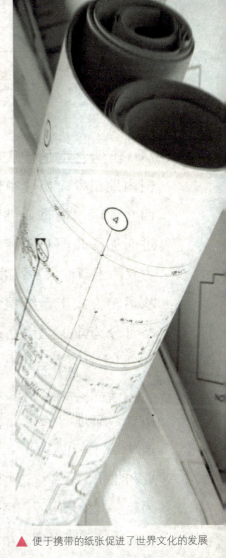

公元 751 年，唐朝在怛罗斯（今哈萨克斯坦的江布尔）之战中败于阿拉伯帝国，俘虏中有精通造纸术的工匠，自此，造纸术传入了阿拉伯帝国，又通过阿拉伯帝国传入欧洲。到了 17 世纪，欧洲各主要国家都有了自己的造纸业，而到 19 世纪，中国的造纸术已传遍五洲各国。

有了文字之后，最重要的就是要有一个很好的载体，而纸张就是文字传播的最佳载体。造纸术，特别是蔡伦改进后的造纸术，是书写材料的一次革命，它便于携带，取材广泛，推动了中国、阿拉伯、欧洲乃至整个世界的文化发展。

▲ 便于携带的纸张促进了世界文化的发展

科学奇迹

东西方文明交流的纽带是什么？

丝绸之路是指从中国内地出发，经过中国西北地区，横贯亚洲，进而连接非洲和欧洲的古代路上商业贸易路线。从运输方式上，丝绸之路可分为陆上丝绸之路和海上丝绸之路。其中，陆上丝绸之路跨越陇山山脉，穿过河西走廊，

▲ 丝绸之路

通过玉门关和阳关，抵达新疆，沿绿洲和帕米尔高原通过中亚、西亚和北非，最终抵达非洲和欧洲。海上丝绸之路则以中国东南沿海为起点，经东南亚、南亚、非洲，最后到达欧洲。

正是这些丝绸之路，将中国的造纸、印刷、火药、指南针等四大发明和养蚕丝织技术以及绚丽多彩的丝绸产品、茶叶、瓷器等传送到了世界各地。同时，中外商人通过丝绸之路，将中亚的汗血马、葡萄，印度的佛教、音乐，西亚的乐器、天文学，美洲的棉花、烟草等输入中国。

丝绸之路的最初作用是运输中国古代出产的丝绸。因此，德国地理学家最早在19世纪70年代就将之命名为"丝绸之路"。以后，也出现了"玉之路"、"宝石之路"、"佛教之路"、"陶瓷之路"等，但以"丝绸之路"最为著名。丝绸之路，犹如一条纽带，将古

代亚洲、欧洲和非洲的古文明连接在了一起，成为中国陆路和中亚、西亚、欧洲和北非等地各国人民之间经济、文化交流和友好往来的正式大道。

历史上的丝绸之路也不是一成不变的，随着地理环境的变化和政治、宗教形势的演变，不断有一些新的道路被开通，也有一些道路的走向有所变化，甚至废弃。

我国为什么被称为"丝国"？

在古代，丝绸就是以蚕丝织造的纺织品。丝绸轻薄、贴身、柔软、滑爽，且色彩绚丽，富有光泽，穿着舒适。中国是首先发明并大规模生产使用丝绸的国家。到了汉代，中国的丝绸制品不断大批地运往国外，成为世界闻名的产品。唐朝时期，中国的丝绸制造业达到高峰，织法与纹饰都比以前更加丰富。明朝的丝织品继承了唐朝以来品种繁多、华丽富贵的传统，其精美绝伦的品质对世界各国产生了巨大的吸引力。罗马诗人维吉尔曾称赞中国丝绸："比鲜花还美丽，比蛛丝还纤细。"

中国丝绸逐渐成为古代国际贸易中行销最远，规模最大，价格最高，获利最丰的商品。丝绸从中国传入西方国家，欧洲人便把这条路称为"丝绸之路"，而中国也被称之为"丝国"。除了丝绸，中国的瓷器、漆器等，都是西方国家钟爱的具有东方韵味的工艺品。

▼ 丝绸

科学奇迹

丝绸之路带来了哪些外来物质文明？

　　在大量输出丝绸的过程中，中国为西方世界带去了冶铁炼钢、水利灌溉技术及先进的农耕经验，使沿丝绸之路的各个郡国的农业生产力得到较快发展。西方一些物产和珍禽异兽通过丝路贸易也传入中国。张骞出使西域，带回一些中原没有的物种，其中以葡萄、苜蓿最为知名，此外还有安石榴、黄蓝等。此外，中国古代文献中记载的一批带有"胡"字的植物，如胡桃、胡瓜、胡葱、胡椒、胡萝卜，还有西瓜等，十有八九来自西域。

　　汉初以来，传入中国的不仅有植物，还有罗马的玻璃器、西域的乐舞、杂技。从魏晋到隋唐，随着属于伊朗文化系统的粟特人的大批迁入中国，西亚、中亚的音乐、舞蹈、饮食、服饰等也大量传入中国。

　　从某种程度上说，丝绸之路就是古老的中国走向世界、接受世界其他地区文明的主要通道。

▼ 意大利古老服饰　　　　　　　　　　　　　　　　　▼ 韩国传统服饰

洛阳龙门石窟内雕像

丝绸之路为什么被誉为世界文化的大运河?

　　丝绸之路作为横跨亚欧大陆的商旅之路，促进了东西方的文化交流，大大推动了人类文明进程。在物质文化交流的同时，通过丝绸之路使得精神文化交流也在不断地进行。通过丝绸之路所完成的文化交流中，宗教的传播是一个很重要的方面。

　　例如，作为世界三大宗教之一的佛教，在西汉末年传入中国。魏晋南北朝时期，战乱频仍，佛教迅速兴盛，佛教传播和佛塔、石窟的建造得到很大普及。到了隋唐时期，虽然儒、道仍然占据着思想领域的主导地位，但佛教已经深入人心，已经逐渐成为中国化宗教。而佛教石窟大多融合了东西方的艺术风格，今天随处可见的佛寺石窟和名刹寺庙等，都是佛教直接或间接留下的影响。特别是沿

科学奇迹

17

着丝绸之路留存下来的佛教石窟，著名的如敦煌莫高窟、安西榆林窟及天水麦积山、大同云冈、洛阳龙门石窟等大多融合了东西方的艺术风格和佛教精神，是丝绸之路上中西文化交流的见证。佛教在中国的传播，对中国文化和中国人的精神层面产生了广泛而深刻的影响，也开创了中华文明吸收外来文化的先河。

除了宗教，中亚、西亚的衣饰、饮食等生活方式，音乐、舞蹈等文化娱乐活动都源源不断进入中原，唐朝的长安和洛阳及丝绸之路上的一些大城市，如凉州，都呈现出一派国际都市的风貌。在吸收外来文化的同时，中原文明也传入西方，不同程度地影响了西方各国。

▼ 洛阳龙门石窟中的卢舍那大佛

茶马古道为什么被称为文明古道？

中国是茶的故乡，自古以来我国各族人民就有饮茶的习惯，并由此创造了灿烂的中华茶文化。在我国众多的民族中，没有哪一个民族能比藏族更嗜爱茶。茶对藏族人来说就如阳光、空气一样，是生活中片刻不可缺少的东西。藏区不产茶，在内地，民间役使和军队征战都需要大量的骡马，但供不应求，而藏区和川、滇边地则产良马。于是，具有互补性的茶和马的交易即"茶马互市"便应运而生。这样，藏区和川、滇边地出产的骡马、毛皮、药材等和川滇及内地出产的茶叶、布匹、盐和日用器皿等，在横断山区的高山深谷间南来北往，流动不息，并随着社会经济的发展而日趋繁荣，形成一条延续至今的"茶马古道"。

▲ 茶马古道路标

通过茶马古道，茶叶从一个商人转到另一个商人手中，中国人、印度人、波斯人等将这些茶叶一站转一站，送到世界的另一边。

千百年来，茶马古道作为不同民族和不同大陆的纽带，对文明文化传播做出了巨大贡献，被学术界称之为"世界上地势最高的文明文化传播古道之一"，是与古代中国对外交流的海上之道、西域之道、南方丝绸之路、唐蕃"麝香—丝绸之路"相并列的第五条国际通道。

科学奇迹

你知道地动仪测定地震的原理吗？

中国东汉时期，地震比较频繁，天文学家、数学家张衡经过多年研究，在公元132年发明了候风地动仪，这是世界上第一架地动仪。

地动仪用青铜制造，形状有点像一个酒坛，四围刻铸着八条龙，龙头向八个方向伸着，每条龙的嘴里含了一颗小铜球。龙头下面，蹲了一个铜制的蛤蟆，对准龙嘴张着嘴。哪个方向发生了地震，朝着那个方向的龙嘴就会自动张开来，把铜球吐出。铜球掉在蛤蟆的嘴里，发出响亮的声音，就可告诉人们哪个方向发生了地震。

经过现代科学家的实验分析，地动仪是利用柱摆稳度小的特性来测定地震源方向的。一个方向若发生地震，由于地震的波动效应，地动仪稍有倾斜，铜球就会掉落出来。

► 模仿张衡发明的地动仪制作的户外雕塑

阿拉伯数字是阿拉伯人发明的吗？

全世界通用的阿拉伯数字并不是阿拉伯人的发明，而是古印度人的杰作。

公元3世纪，古印度的一位科学家发明了阿拉伯数字。最古的计数目大概至多到3，为了要设想"4"这个数字，就必须把2和2加起来，5是2加2加1，3这个数字是2加1得来的。后来受佛教影响，古印度人又发明了数字0，0反映了"一切皆空"这一命题所留下的痕迹。8世纪时印度出现了有零的符号的最老的刻板记录。

公元771年，印度北部的数学家被抓到了阿拉伯的巴格达，被迫给当地人传授新的数学符号和体系，以及印度式的计算方法。由于印度数字和印度计数法既简单又方便，其优点远远超过了其他的计算法，阿拉伯的学者们很愿意学习这些先进知识，商人们也乐于采用这种方法去做生意。

科学奇迹

后来，阿拉伯人把这种数字传入西方，阿拉伯数字逐渐在世界范围流行起来。

阿拉伯数字起源于印度，但却是经由阿拉伯人传向四方的，这就是后来人们误解阿拉伯数字是阿拉伯人发明的原因。

知 识 链 接

0，人类伟大的发明

0是极为重要的数字，0的发现被称为人类伟大的发明之一。0在我国古代叫作金元数字，意即极为珍贵的数字。0这个数据是由印度人在约公元5世纪时发明的。0的起源深受佛教大乘空宗的影响。大乘空宗流行于公元3—6世纪，在大乘佛教流行后期，印度产生了新的整数的十进位值制记数法，规定出十个数字的符号。以前计算到十数时空位加一点，用"."表示，这时发明了"0"来代替。

"0"的梵文名称为Sunya，汉语音译为"舜若"，意译为"空"，这与大乘佛教强调的"一切皆空"相符合。而在十个数字中，也只有0乘以任何一个数，都使这个数变成0。0发明之后，人类的运算才更完善。

▲ 0是人类最伟大的发明，它解决了计数难题

古人为什么要依据月亮的变化制作历法？

月亮为"太阴"，以月亮的视运动规律为依据设置的历法，称为"太阴历",简称"阴历"。从历法的发展史来看,所有古老文化的国家,如埃及、巴比伦、印度、希腊、罗马,最初都是使用太阴历。这是因为月亮的盈亏朔望周期非常明显,所以把29天或30天称为一个月,把12个月称为一年,便成为古老国家最初的年历。

我国的传统历法从严格意义上说不应该叫阴历,它是阴阳历。因为历法中增设了闰月和二十四节气,使得历年的平均长度等于回归年,这样它就又具有了阳历的成分。可以说我国目前所用的阴历历法,很好地协调了太阳、月亮的周期,实现了阴阳合一,是比较科学的天文日历。

▼ 太阴历是以月亮的运动规律为依据设置的历法

科学奇迹

▲ 阴历年与阳历年的周期存在一定的差异

为什么阴历有"闰月"？

阴历中增设闰月是因为阴历年与阳历年天数存在一定的差异。阴历一月之长，即月亮绕地球周期约为 29 天半；而阳历一年之长，即地球绕日的周期约为 365 天又四分之一日。如以 12 个月为一年，阴历年只有 354 天或者 355 天，与太阳年相差几乎 11 天。过 10 多年，就有 6 月降霜下雪、腊月挥扇出汗、冬夏倒置的问题。古代国家农业慢慢地发展以后，就发现纯粹用阴历历法，月份和春、夏、

秋、冬四季，农业节候配合不上。为了解决这阴、阳历的矛盾，人们后来找到了颛顼历的十九年七闰的办法。因为阴历的 235 个月的日数却等于 19 个阳历年的日数。这一安排可以调和阴阳历，不至于冬夏倒置。

欧洲

杠杆定理与浮力定律的发现者是谁？

阿基米德，是古希腊伟大的哲学家、数学家、物理学家、力学家，他发现了杠杆定理和浮力定律。他从小就善于思考，喜欢辩论。早年游历过古埃及，曾在亚历山大城学习。他在亚历山大城学习和生活了很多年，曾跟很多学者密切交往。他兼收并蓄了东方和古希腊的优秀文化遗产，在其后的科学生涯中做出了重大的贡献。

公元前212年，古罗马军队入侵叙拉古，阿基米德被罗马士兵杀死，终年75岁。死后他被葬在西西里岛，墓碑上刻着一个圆柱内切球的图形，以纪念他在几何学上的卓越贡献。

▶ 阿基米德是浮力定律的发现者，现在浮力定律已经被人们广泛应用

杠杆定理的具体内容有哪些?

　　古希腊科学家阿基米德有这样一句流传很久的名言："给我一个支点,我就能撬起整个地球!"虽然对人类而言这是不可实现的,但是阿基米德说这句话还是有严格的科学根据的。

　　阿基米德通过各种研究和实践发现了杠杆原理,即"二重物平衡时,它们离支点的距离与重量成反比"。阿基米德据此原理制造了远、近距离的投石器,利用它射出各种飞弹和巨石攻击敌人,曾把罗马人阻于叙拉古城外达 3 年之久。

　　现在我们生活中的很多事物都包含有杠杆原理,如羊角锤、道钉撬、老虎钳、起子、手推车、剪铁皮和修枝剪刀、定滑轮等。

▼ 现在很多工具都是以杠杆定律为原理生产的

浮力定律是怎么被发现的？

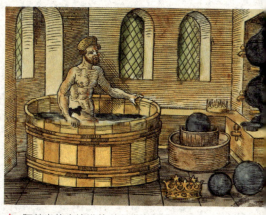

▲ 阿基米德在沐浴的过程中发现了浮力的奥秘

浮力定律又称阿基米德定律，这是物理学中力学的一条基本原理，其具体内容是：浸在液体（或气体）里的物体受到垂直向上的浮力作用，浮力的大小等于被该物体排开的液体的重力。

阿基米德发现浮力定律是源于完成国王交代的一个任务。

公元前245年，为了庆祝盛大的月亮节，赫农王给金匠一块金子让他做一顶纯金的皇冠。做好的皇冠尽管与先前的金子一样重，但国王还是怀疑金匠掺假了。他命令阿基米德鉴定皇冠是不是纯金的，但是不允许破坏皇冠。

阿基米德开始思考测定的方法。在一次泡澡过程中，阿基米德注意到水对人体有一种向上的浮力。这给了他灵感，阿基米德进行了一个实验。

他把差不多同样大小的石块和木块同时放入浴盆，浸入到水中。石块下沉到水里，但是他感觉到石块变轻了。他必须要向下按着木块才能把它浸到水里。这表明浮力与物体的排水量（物体体积）有关，而不是与物体的重量有关，物体的排水量又与它的密度有关。阿基米德在此找到了解决国王问题的方法，问题的关键在于密度。如果皇冠里面含有其他金属，它的密度会不同，在重量相等的情况下，这个皇冠的体积是不同的。阿基米德由此发现了浮力定律，且圆满地完成了国王交代的任务。

科学奇迹

勾股定理的发现者是谁？

勾股定理是一个基本的几何定理，是人类早期发现并证明的重要数学定理之一。勾股定理的发现者是生活在 2500 年前古希腊的哲学家和数学家毕达哥拉斯。他认为无论是解说外在物质世界，还是描写内在精神世界，都不能没有数学！他认为万事万物背后都有数的法则在起作用。

其内容为：在任何一个直角三角形中，两条直角边的长度的平方和等于斜边长度的平方。如果直角三角形的两直角边长分别为 a 和 b，斜边长为 c，其数学表达式就是：$a^2+b^2=c^2$。

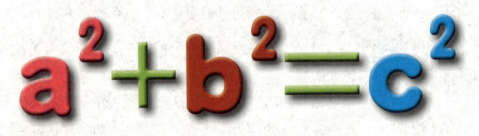

勾股定理为什么被称为几何学的基石？

勾股定理是用代数思想解决几何问题的最重要的工具之一，也是数形结合的纽带之一。勾股定理约有 400 种证明方法，是几何学中一颗光彩夺目的明珠，被称为"几何学的基石"。

勾股定理是人们认识宇宙中形的规律的自然起点，它在高等数学和其他学科中有着极为广泛的应用。如运用勾股定理推导出开平方、开立方、求圆周率等；运用勾股定理，数学家还发现了无理数。

在中国古代，大约是战国时期西汉的数学著作《周髀算经》就有了关于勾股定理的记载。书中记录着商高同周公的一段对话，商高说："……故折矩，勾广三，股修四，径隅五。"商高那段话的意思就是说：当直角三角形的两条直角边分别为3（短边）和4（长边）时，径隅（就是弦）则为5。以后人们就简单地把这个事实说成"勾三股四弦五"。

▼ 一个简单的三角形却蕴含着重要的数学定理

知识链接

勾三股四弦五

古埃及人在建筑宏伟的金字塔和尼罗河泛滥后测量土地时，就应用过勾股定理。我国也是最早了解勾股定理的国家之一，据我国西周时期算书《周髀算经》记载，人们在约公元前1100年就已经知道"勾三股四弦五"，比西方早了500多年。

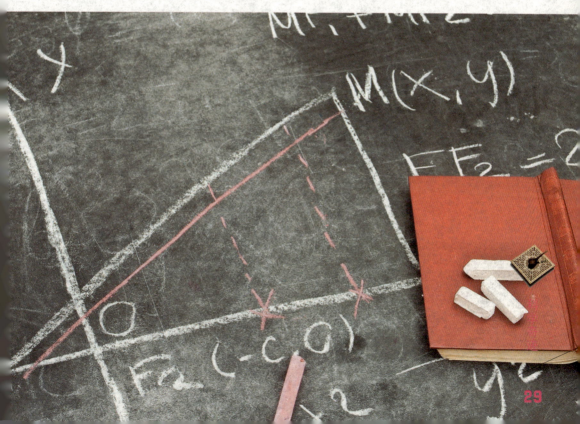

《几何原本》与柏拉图思想有什么关系？

《几何原本》是古希腊数学家欧几里得所著的一部数学著作。欧几里得是古希腊著名数学家、欧氏几何学开创者。

欧几里得生于雅典，当时雅典是古希腊文明的中心。在浓郁的文化氛围中，聪明好学的欧几里得在少年时就想进入"柏拉图学园"学习。"柏拉图学园"是柏拉图 40 岁时创办的一所以讲授数学为主要内容的学校。在学园里，师生之间的教学完全通过对话的形式进行，因此要求学生具有高度的抽象思维能力。他在有幸进入学园之后，便全身心地沉浸在数学王国里。他潜心求索，以继承柏拉图的学术为奋斗目标，除此之外，他哪儿也不去，什么也不干，熬夜翻阅和研究了柏拉图的所有著作和手稿。经过对柏拉图思想的深入探究，他领悟到了柏拉图思想的要旨，并开始沿着柏拉图当年走过的道路，把几何学的研究作为自己的主要任务，并最终取得了世人瞩目的成就。

▼ 生活中充满了数学美

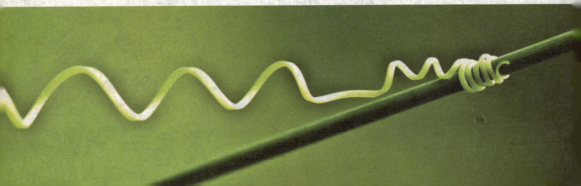

▲ 牛顿也是几何学的爱好者，他曾学习过《几何原本》

为什么说《几何原本》是现代数学的基础？

　　《几何原本》共 13 卷，里面欧几里得系统地总结了几何知识，建立了一套从公理、定义出发，论证命题得到定理的几何学论证方法，形成了一个严密的逻辑体系——几何学。《几何原本》既是数学巨著，又是哲学巨著，并且第一次完成了人类对空间的认识。

　　两千多年来，《几何原本》一直是学习数学几何部分的主要教材。哥白尼、伽利略、笛卡尔、牛顿等许多伟大的学者都曾学习过

科学奇迹

31

《几何原本》，并从中吸取了丰富的营养，从而做出了许多伟大的成就。直到现在它也是培养、提高青少年逻辑思维能力的好教材。

《几何原本》是至今流传最广、影响最大的世界数学名著之一，它对数学及其他科学乃至人类的思想所产生的巨大推动作用是其他著作无法取代的。

《几何原本》是何时传入中国的？

明末科学家徐光启是第一个将《几何原本》引进中国的人。徐光启在加强国防、发展农业、兴修水利、修改历法等方面都有相当大的贡献，对引进西方数学和历法更是不遗余力。

1582年，意大利人利玛窦到我国传教，带来了15卷本的《几何原本》。1600年，徐光启与利玛窦相识后，便经常来往。熟识之后，徐光启决定与利玛窦一起翻译西方科学著作。他们于1606年完成前6卷本的翻译，1607年在北京印刷发行。

后9卷是1857年由我国清代数学家李善兰（1811-1882）和英国人伟烈亚力译完的。

◀ 几何学是影响最久远的基础科学之一

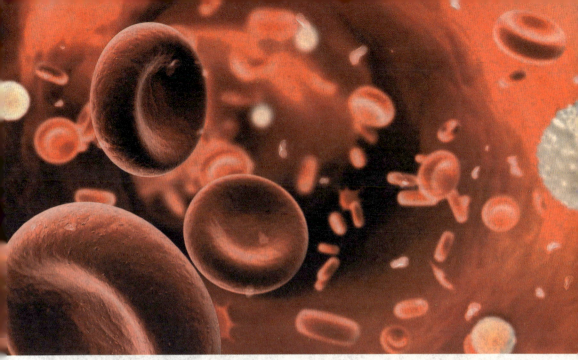

▲ 体液理论让人们开始以理性的态度对待生命

体液理论对后世医学有什么影响?

体液理论是希波克拉底提出的。希波克拉底是古希腊著名医生,欧洲医学奠基人。他从临床实践出发,创立了体液理论。他认为,人身上有四种体液,即血液、黏液、黄胆汁、黑胆汁共同维系着人的生命,相互调和,在平衡的状态下,人就健康;如果平衡被破坏,人就会生病。这个理论的最大贡献是使医学摆脱了巫术的支配,以理性的态度对待生命,采取科学的方法治病。体液理论被称为日后西方医学的理论基础。

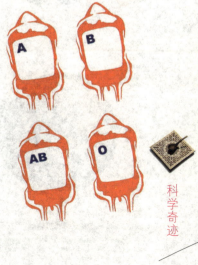

科学奇迹

地球是球形的概念由谁提出的？

几千年来，人类对自己生存的大地一直抱有极大的兴趣。古代中国曾有"天圆地方"说；古代埃及人认为天像一块穹隆形的天花板，地像一个方盒；古希腊人最初将它想象成一个扁平的圆盘，等等。公元前 6 世纪，古希腊数学家毕达哥拉斯第一次提出地球这一概念。毕达哥拉斯和他的弟子们首先提出了大地是球形的设想。他们主张用数学来解释宇宙，认为在所有立体图形中，球形是最美好的。宇宙的外形应该是球形的，宇宙中包括地球在内的所有天体都应该是球形的。

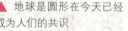

▲ 地球是圆形在今天已经成为人们的共识

知识链接

天圆地方

古人把天地未分、混沌初起之状称为太极，太极生两仪，就划出了阴阳，分出了天地。古人把由众多星体组成的茫茫宇宙称为"天"，把立足其间赖以生存的田土称为"地"，由于日月等天体都是在周而复始地运动，就像一个闭合的圆周无始无终，而大地却静悄悄地在那里，就像一个方形的物体静止稳定，于是"天圆地方"的概念由此而生。

▲ "天圆地方"的理念深刻地影响了中国传统建筑的设计

谁的环球航行是对地球球形说的有力证明？

文艺复兴时期，人文主义者发现了古希腊的这些学说，当时已有不少人相信地球是圆的，很多开辟新航路的探险家们也是这样想的。其中葡萄牙人麦哲伦的环球航行向全人类证明了地球是个圆球。

麦哲伦是葡萄牙人，他是地圆说的信奉者。麦哲伦的环球航行计划得到了西班牙国王

▼ 麦哲伦

科学奇迹

的支持。1519 年 9 月 20 日，麦哲伦率领他的探险船队驶离了西班牙，开启了环球航行。历经近 3 年的艰苦航行，1522 年 9 月 6 日，麦哲伦回到了西班牙，完成了人类的首次环球航行。麦哲伦环球航行的成功，证明了地球是圆球形的，世界各地的海洋是连成一体的。为此，人们称麦哲伦是第一个拥抱地球的人。这对科学的发展和人类对宇宙的认识都有着重大意义。

▼ 麦哲伦的环球航行是地球圆形的有力见证

▲ 地球只是太阳的一颗行星，它在不停地围绕太阳进行转动

日心说之前人们是如何看待宇宙中心的？

    日心说又被称为地动说，是关于天体运动的和地心说相对立的学说。日心说认为，太阳是宇宙的中心，地球和其他行星都绕太阳转动，而地球不是宇宙的中心，只是一颗普通行星。地心说中表现出的行星围绕地球运动的一年周期，其实是地球每年绕太阳公转一周的反映。

    在日心说出现之前，人们一直信奉的是托勒密建立和完善的地心说，地心说认为地球处于宇宙的中心位置且静止不动，太阳、月亮、行星和其他卫星都围绕地球运转。

科学奇迹

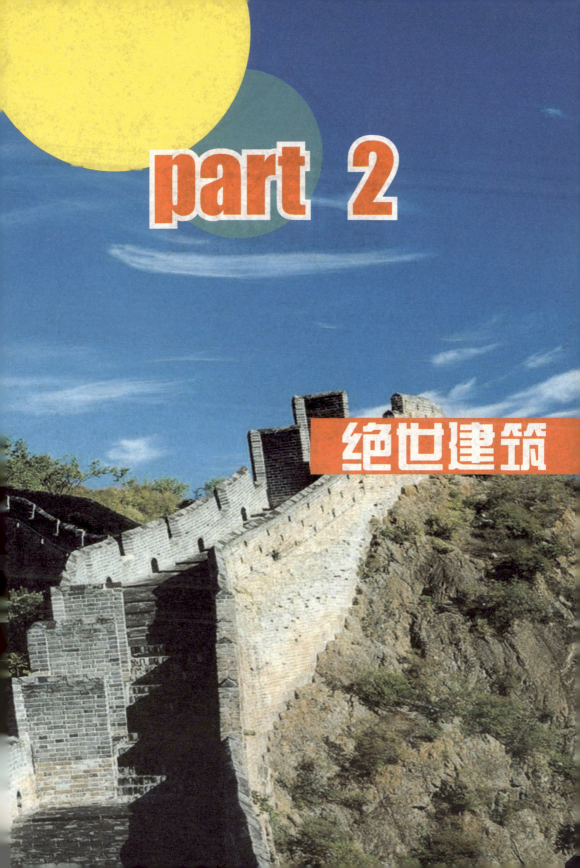

part 2

绝世建筑

古埃及人为什么建造金字塔?

　　古埃及文明影响了世界,而最能体现它文明程度的就是金字塔。金字塔是古埃及文明的代表作,它建造于沙漠之中,结构精巧,外形宏伟,是埃及的象征。

　　金字塔是古埃及法老的陵寝,这些法老为什么要将陵墓修成金字塔的形状呢?原来,在很早的时候,法老们的陵墓都是用泥砖建成的长方形的坟墓。后来约在第二至第三王朝的时候,埃及人产生了国王死后要成为神,他的灵魂要升天的观念。在后来发现的《金字塔铭文》中有这样的记述:"为他(法老)建造起上天的天梯,

▼ 埃及金字塔

以便他可由此上到天上"。金字塔就是这样的天梯。同时，角锥体金字塔形式又表示对太阳神的崇拜，因为古代埃及太阳神——"拉"的标志是太阳光芒。金字塔象征的就是刺向青天的太阳光芒。

在众多的古埃及金字塔中，最大的是胡夫金字塔，是第四王朝第二个国王胡夫的陵墓，建于公元前 2690 年左右。

金字塔为什么能千年不倒？

▼ 埃及金字塔因修建的科学性能屹立千年不倒

古老的金字塔与茫茫大漠融为一体。最大的胡夫金字塔历经了 4000 多年的风雨仍能屹立不倒，这是为什么呢？

首先，金字塔塔身的石块之间，没有任何水泥之类的黏着物，而是一块石头叠在另一块石头的上面。每块石头都磨得很平，至今已历时数千年，人们仍很难用一把锋利的刀刃插入石块之间的缝隙。这样雨水等就不会浸入石块中，石头就不会被腐蚀。

其次，应用了 52°的稳定角。金字塔面与面之间的角度是 51°50′9″，这与有"自然塌落现象的极限角和稳定角"之称的 52°角相差无几，这说明金字塔是按照这种"极限角和稳定角"来建造的。

第三，金字塔的锥形结构将风的破坏力化解到最低程度。考古学家曾在实地考察中发现一个有趣的现象：风沙多是刮于金字塔的底部，然后沿着斜面绕向另一个角，在后来的风力推送下，呈螺旋形绕着逐渐尖削的塔身旋转，被塔身引导向上，最终从塔尖散失在空中。因此，风沙的破坏力对金字塔起不了太大的作用。

此外，金字塔塔基正好处于磁力线中心，它随着磁力线的运动而运动，随着地球的运动而运动，这样它所受到的振幅极其微弱，地震对它的影响也就不大了。

金字塔不仅是古埃及的象征，也是埃及文明的体现。

知 识 链 接

狮身人面像

与金字塔同样闻名世界的是屹立在胡夫金字塔东侧的狮身人面像。据说，狮身人面像是根据古代神话中的斯芬克斯来雕刻的。此雕像高20米，长57米，脸长5米，头戴"奈姆斯"皇冠，额上刻着"库伯拉"（即眼镜蛇）圣蛇浮雕，下颌有帝王的标志——下垂的长须。

其实，狮身人面像并不是只有埃及开罗才有，只是在开罗的这一座最大，而且是最古老的。不过，各处雕刻的大小狮身人面（或牛头、羊头等）像，都是蹲着的。

狮身人面像与金字塔一样闻名世界 ▶

爱资哈尔清真寺因何命名？

爱资哈尔清真寺位于埃及开罗的老城区，是法蒂玛王朝大将玖海尔建于972年，取名"爱资哈尔"是为了纪念穆罕默德的女儿法蒂玛·扎海拉。

爱资哈尔清真寺是开罗第一座清真寺，也是世界上最古老的伊斯兰大学之一。寺内地面和柱子均系大理石砌成，礼拜殿内可容纳万余人，西北门内两侧有三个宣礼塔。

清真寺建成初期只是宗教活动的场所，公元 975 年开始讲经授课，主要科目为伊斯兰法律、神学、阿拉伯语。古时候，宣礼员站在塔顶上领着教徒做礼拜，而教长站的壁龛体现了古老的伊斯兰建筑艺术和特征。

▼ 清真寺

绝世建筑

为什么说都江堰开创了中国古代水利史的新纪元?

都江堰位于四川省成都市都江堰市灌口镇,是建设于古代并使用至今的大型水利工程,被誉为"世界水利文化的鼻祖"。

号称"天府之国"的成都平原,在古代是一个水旱灾害十分严重的地方,这是因为岷江对整个成都平原而言属于地上"悬江"。岷江水患是古蜀国生存发展的一大障碍。

都江堰采用中流作堰的方法,在岷江峡内用石块砌成石埂,即分水鱼嘴。鱼嘴工程将岷江水流一分为二。在灌县城附近的岷江南岸筑了离碓,离碓的东侧是内江的水口,称宝瓶口,具有节制水流的作用。夏季岷江水涨,都江鱼嘴淹没了,离碓就成为第二道分水处。内江自宝瓶口以下进入密布于川西平原之上的灌溉系统。

都江堰工程规划相当完善,分水鱼嘴和宝瓶口联合运用,能按照灌溉、防洪的需要,分配洪、枯水流量。在2000年后的今天,都江堰仍发挥着其分洪灌溉的作用。

都江堰充分利用自然资源为人类服务,变水害为水利,是全世界迄今为止仅存的一项伟大的生态工程。所以说都江堰开创了中国古代水利史上的新纪元。

为什么说京杭大运河是与长城齐名的伟大工程?

京杭大运河是世界上里程最长、工程最大、最古老的运河，与长城并称为中国古代的两项伟大工程。大运河南起余杭（今杭州），北到涿郡（今北京），途经今浙江、江苏、山东、河北四省及天津、北京两市，贯通海河、黄河、淮河、长江、钱塘江五大水系，全长约1794千米。

在过去不同历史阶段中，京杭大运河对中国政治、经济、文化的发展起了巨大的作用。以历史上的"南粮北运"、"盐运"通道，到现在的"北煤南运"干线以及防洪灌溉干流，这条古老的运河一直在发挥着巨大的作用。2002年起京杭大运河又肩负中国南水北调工程的重任，成为南水北调三线工程之一。

▼ 京杭大运河现今仍在发挥着作用

全国重点文物保护单位

京杭大运河

时代：春秋——清

中华人民共和国国务院

二〇〇六年五月二十五日公布

江苏省人民政府立

绝世建筑

山海关为什么被称为"天下第一关"？

山海关又称"榆关"，位于秦皇岛市东北 15 千米处，汇聚了中国古长城之精华，在 1990 年以前被认为是明长城东端起点，因此有"天下第一关"之称。

山海关以威武雄壮的"天下第一关"箭楼为主体，辅以靖边楼、临闾楼、牧营楼、威远堂、瓮城、东罗城、长城博物馆等长城建筑。山海关城池周长约 4 千米，是一座小城，整个城池与长城相连，以城为关。城高 14 米，厚 7 米。全城有四座主要城门，并有多种古代的防御建筑，是一座防御体系比较完整的城关。

▼ 山海关长城是万里长城的重要组成部分，是举世闻名的长城入海处

古时故宫为什么叫"紫禁城"？

　　明代永乐十八年（1420 年）建成的故宫，是明、清两代的皇宫，宫殿建筑之精华，是世界现存最大、最完整的木质结构的古建筑群。故宫旧称"紫禁城"，之所以称紫禁城是因为依照中国古代星象学，紫微星垣居于中天，位置永恒不变，因此成了代表天帝的星座，是天帝所居。因而，把天帝所居的天宫谓之紫宫。而"禁"意指皇宫乃是皇家重地，闲杂人等不得来此。

▼ 三大殿前没有任何树木，只有一些象征吉祥、威严的雕塑

绝世建筑

47

古人为何修建晋祠？

晋祠，位于山西太原市西南悬瓮山麓的晋水之滨，是中国著名的名胜古迹。

晋祠始建于北魏前，是为了纪念周武王次子叔虞而建。武王灭商之后分封诸侯，把次子叔虞封于唐，叔虞死后，其子继位，因封地有晋水，改唐为晋国。后人就在悬瓮山麓、晋水源头建祠，以祭祀叔虞。

晋祠内有几十座古建筑，这些建筑雄伟庄严，祠内的雕塑极具艺术气息，显示了工匠们的高超技艺。晋祠景观中难老泉、侍女像、圣母像被誉为"晋祠三绝"。高大雄伟的建筑与充满生气的艺术雕塑，与周围的青山绿水相映生辉，晋祠也因此闻名于世。

▲ 侍女像

应县木塔为什么能成为世界三大奇塔之一？

应县木塔原名释迦塔，因塔内供释迦佛得名。又因塔身全是木质构件叠加而成，俗称应县木塔。

应县木塔是中国现存最高最古老的一座木结构塔式建筑，也是唯一一座木结构楼阁式塔。木塔高 67.31 米，底层直径 30.27 米。该塔设计为平面八角，外观五层，底层扩出一圈外廊，称为"副阶周匝"，与底屋塔身的屋檐构成重檐，所以共有六重塔檐。每层之下都有一个暗层，所以结构实际上是九层。

高塔全靠斗拱、柱梁镶嵌穿插吻合，不用钉不用铆，以50多种斗拱的垫托接连砌建而成。古人解决建筑问题的技术之高，让现代人也钦佩不已。

据考证，在近千年的岁月中，应县木塔除经受日夜、四季变化、风霜雨雪侵蚀外，还遭受了多次强地震袭击，仅裂度在五度以上的地震就有十几次，但木塔仍能屹立不倒，这主要取决于设计的巧妙。

卯榫结合，刚柔相济，这种刚柔结合的特点有着巨大的耗能作用，这种耗能减震作用的设计，甚至超过很多现代建筑。如木塔的斗拱结构将梁、枋、柱连接成一体。由于斗拱之间不是刚性连接，所以在受到大风、地震等水平力作用时，木材之间产生一定的位移和摩擦，从而可吸收和损耗部分能量，起到了调整变形的作用。除此之外，木塔的桶式造型、暗层结构等都对木塔的抗伏倒性能起到了一定的作用。

历经千年风雨而屹立不倒的应县木塔与巴黎埃菲尔铁塔和比萨斜塔并称为世界三大奇塔。

绝世建筑

赵州桥为什么历经千年仍坚如磐石？

赵州桥是一座空腹式的圆弧形石拱桥，是世界上现存最早、保存最好的巨型石拱桥。

赵州桥在河北省省会石家庄东南 40 多千米赵县城南 2.6 千米处，建于公元 605-616 年，由匠师李春监造。距今已有 1400 年的历史。

赵州桥在建造中有独特的创新之处，这些创新才成就了千年不倒的赵州桥。

1. 弧形拱

全桥只有一个大拱，长达 37.4 米，如果把桥拱修成半圆形，那桥洞就要高 18.52 米。这样车马行人过桥，就好比越过一座小山，非常费劲。而弧形拱既降低了桥的高度，又减少了修桥的石料与人工，还使桥体非常美观。大拱之上又各自加设了两个小拱，这样节省材料，同时减轻了桥本身的重量，在河水涨水时还能增加河水的泄流量。

2. 洞砌并列式

在各道桥洞的石块之间加了铁钉，使各桥洞连成了整体。并列式修造的桥洞即使坏了一个，也不会牵动全局，修补起来容易，而且在修桥时也不影响桥上交通。

◀ 赵州桥

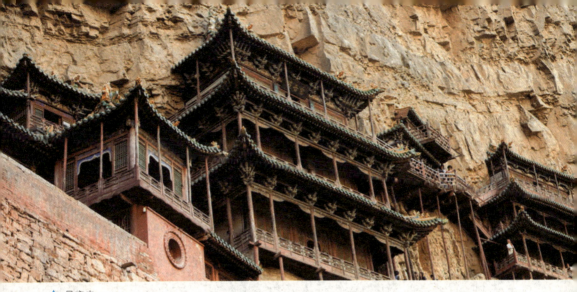

▲ 悬空寺

古人为什么要修建悬空寺？

　　悬空寺，又名玄空寺，位于山西浑源县。悬空寺距今已有1500多年的历史，北魏王朝将道家的道坛从平城——今大同南移到此，古代工匠根据道家"不闻鸡鸣犬吠之声"的要求建造了悬空寺。

　　悬空寺位于深山峡谷的一个小盆地内，全身悬挂于石崖中间，距地面高约60米。全寺为木质框架式结构，其建造依据力学原理，半插横梁为基，碗口粗的木柱插于岩石之中，全寺庙的重量就由横插岩石中的木棍支撑。

　　悬空寺充分利用峭壁的自然状态布置和建造寺庙各部分建筑，将一般寺庙平面建筑的布局、形制等建造在立体的空间中，设计非常精巧。悬空寺内现存的各种铜铸、铁铸、泥塑、石刻造像，风格各异，具有较高的艺术价值。

　　英国的一位建筑学家曾说："中国的悬空寺把力学、美学和宗教融为一体，做到尽善尽美，这样奇特的艺术，在世界上是罕见的。"

绝世建筑

拙政园为什么被称为"中国园林之母"？

拙政园是中国四大名园之一，坐落于中国著名的历史文化名城江苏省苏州市姑苏区，是苏州四大古名园之一，也是苏州园林中最大、最著名的一座。

拙政园建于明代正德四年（1509年），是中国四大名园之一，占地5.2公顷。初为唐代诗人陆龟蒙的住宅，后几易其主，不断修建，最终呈现如今的规模。

拙政园分为东园、西园、中园三部分，其中中园是全园的精华所在。

园林以山、水为主，池中堆山，环池布置台堂、榭、亭、轩，山与山之间遍布花草树木，且树木环亭、馆，建筑与树木相映成趣，到处一片生机。自然典雅的园林之风，精巧的结构，形成了拙政园的独特风格，因此，拙政园被誉为"天下园林之典范"。

▼ 拙政园美景

为什么泰姬陵是"永恒脸颊上的一滴泪水"？

泰姬陵全称为泰姬·玛哈尔陵，又译泰姬·玛哈尔，是印度知名度最高的古迹之一。泰姬陵位于今印度距新德里200多千米外的北方邦的阿格拉城内，是莫卧儿王朝第5代皇帝沙贾汗为了纪念他逝去的皇后泰姬·玛哈尔而建立的陵墓。

泰姬陵是一座全部用白色大理石建成的宫殿式陵园，是一件集伊斯兰和印度建筑艺术于一体的古代

▲ 泰姬陵美景

经典作品。它得到了很多文人墨客的赞美，但泰戈尔却说泰姬陵是"永恒脸颊上的一滴眼泪"，这源于其背后的凄美爱情故事。

阿姬曼·芭奴美丽聪慧，多才多艺，入宫19年，与沙贾汗感情很好。沙贾汗封她为"泰姬·玛哈尔"，意为"宫廷的皇冠"，可见对她的宠爱。但泰姬因病去世，沙贾汗伤心欲绝。他决心不惜一切代价为宠妃建造一座陵墓。于是，他倾尽国库，历时22年终于建成了泰姬陵。沙贾汗在泰姬陵建成不久便被儿子废除了王位，被囚禁在阿格拉城堡，晚年靠每天远望泰姬陵度日，直至伤心忧郁而死。他死后，与宠妃一起被葬在泰姬陵。泰姬陵是一代君王凄美爱情的见证。

绝世建筑

阿育王石柱为什么以鹿野苑的最为著名？

阿育王石柱是孔雀王朝时代最具代表性的建筑雕刻，阿育王为铭记征略，弘扬佛法，在印度各地敕令建了30余根纪念碑式的圆柱，其中最著名的是贝拿勒斯城外鹿野苑的石柱。

石柱高十几米，重50吨左右。在柱头上刻有4只背对背蹲踞的雄狮，中间层是饰带，刻有一只大象、一匹奔马、一头瘤牛和一只老虎，这四种动物间都用象征佛法的宝轮隔开；下一层是钟形倒垂的莲花。整个柱头华丽而完整，并且打磨得如玉一般的光润，这也是孔雀王朝时代雕刻艺术一个较为显著的特色。

鹿野苑的石柱之所以最为著名，主要是因为在其柱身上，有用古老的波罗密文字铭刻的阿育王的亲笔敕文："天佑慈祥王登基廿年，亲自来地朝拜，因为这里是释迦牟尼佛诞生之地。一块石上刻着一个形象，并建立一根石柱，表示佛陀在此地降生。蓝毗尼村成为宗教的免税地，只需付收成的八分之一作为税赋。"

▲ 存放于博物馆的阿育王石柱狮子柱头

埃洛拉石窟群为什么被视为石雕艺术的杰作？

　　埃洛拉石窟群位于印度马拉哈斯特拉邦奥兰加巴德市西北约30千米处。印度教、佛教和耆那教都在此活动，先后共开凿了34座石窟寺庙，其中16座印度教寺庙、13座佛教寺庙、5座耆那教寺庙。第10窟名木匠草舍，为大乘佛教窟，两壁石柱高4米，柱顶横梁上刻有合十礼佛的持花信女雕像。

　　埃洛拉石窟群中的第13窟至第29窟为印度教窟，其中主要开凿于公元7世纪至9世纪。其中的第16号窟可以说是整个埃洛拉石窟中最为著名的一座，人称"盖拉什庙"，此窟始建于8世纪，它不是凿成的洞窟，而是将整座山凿成了一座庙宇，更令人惊奇的是雕刻师和建筑师都是以屋顶为基准从上往下开始雕刻和建造的。此座寺庙的开凿，前后耗时100多年。盖拉什庙分为3个部分，即大门、难提殿和主殿，其间又有天桥连接。难提殿并不大，有8平方米大小，共分两层，殿前是雄健的神牛石雕难提，这是湿婆神的胯下坐骑，难提殿之后便是主殿。主殿气势恢宏，壮丽不凡。盖拉什庙的浮雕十分精美，呼之欲出，让人惊叹古人雕刻技艺的高超。

　　位于北端的第30窟至34窟为耆那教窟，耆那教石窟内多为裸体立像，两腿两臂缠绕着擎藤植物，长发披肩，象征耆那教苦行不渝、返璞朴归真之意。

　　这些石雕艺术显示了印度宗教的发展传承，是无数信徒的精神寄托，为印度文化传播做出了独特的贡献。现今，这里仍香火旺盛，神像们仍在默默地倾听着信徒们的心声。

湿婆神 ▶

绝世建筑

为什么婆罗浮屠塔被视为最奇异的塔庙？

婆罗浮屠塔位于印度尼西亚爪哇岛中部马吉冷婆罗浮屠村。"婆罗浮屠"为梵文音译，意思是"山丘上的寺院"，约于公元800年建成，为大乘佛教遗址。

婆罗浮屠构图精美，气势磅礴。它呈金字塔形，可抬级而上。坛共有9层，在外形上如阶梯状的锥体。上面3层为圆形，下面6层似方形。说婆罗浮屠塔奇异，首先，它是巨大的佛陀神殿，却没有膜拜或祭祀的地方。其次，婆罗浮屠塔的整体造型神似现在的火箭飞船，流线型的造型符合空气动力学，内部中空，神明端坐其中。

对于1000多年前出现如此具有高科技含量的建筑，人们很是费解。没有任何证据表明在现今的人类文明之前还存在另一种高度发达的文明，但这些高科技建筑却又成了另一种文明的见证。人类对自身的起源还不够了解，对多年前的文明也存在很多未知之处，只希望在人类的继续探索中能解开这个谜题。

▼ 婆罗浮屠塔中的佛像

岩石圆顶清真寺为什么被视为伊斯兰教的圣地？

岩石圆顶清真寺坐落在耶路撒冷老城区，是伊斯兰教著名清真寺，也是伊斯兰教的圣地，它一直是耶路撒冷最著名的标志之一。

岩石圆顶清真寺修建于公元 7 世纪（687-691 年），是现存于世的最古老的清真寺之一。穹顶高 54 米，直径 24 米，也是少有的没有高耸的宣礼塔的清真寺。1000 多年里几经翻修，圆顶清真寺由木屋顶变成了今天美丽的金色穹顶。

岩石圆顶清真寺内有一块镇寺之宝：一块淡蓝色的巨石，被放置在寺的中央，长 17.7 米、宽 13.5 米、高出地面 1.2 米，以银、铜镶嵌，铜栏杆围着。穆斯林视这块巨石为宝物，他们

▲ 岩石圆顶清真寺

相信穆罕默德是踏此石登天，和天使加百列一起到天堂见真主，聆听真主的天启。相传伊斯兰教圣人穆罕默德，乘飞马从麦加飞到耶路撒冷，他从一块巨石夜游登天，聆听真主安拉的启示，后来在穆罕默德登天的地方建起了圆顶清真寺。1994 年约旦国王侯赛因出资 650 万美元为这个圆顶覆盖上了 24 千克纯金箔，从此岩石圆顶清真寺名扬天下，成为耶路撒冷最耀眼、最绚丽的建筑。

绝世建筑

仰光金塔为何被视为缅甸的国家象征？

仰光大金塔形状像一个倒置的巨钟，用砖砌成，塔身高112米，塔基为115平方米。塔身贴有1000多张纯金箔，所用黄金有7吨多重。塔的四周挂着1.5万多个金、银铃铛，风吹铃响，清脆悦耳，声传四方。塔顶全部用黄金铸成，上有1260千克重的金属宝伞，周围嵌有红宝石664颗，翡翠551颗，金刚石443颗。整座金塔宝光闪烁，雍容华贵，雄伟壮观。

仰光金塔建于公元前588年，因藏有佛陀的头发，到公元11世纪时已成为缅甸的佛教圣地，现今已是整个东南亚的佛教圣地。

仰光金塔不仅是世界建筑艺术的杰作，也是世界上历史最悠久、价值最昂贵的佛塔，更成为缅甸的国家象征。缅甸人以金塔为骄傲，每逢节日，很多人都到这里拜佛。人们进入佛塔时必须赤脚而行，就连国家元首也不例外，否则就被视为对佛的最大不敬。

◀ 仰光金塔

欧 洲

比萨斜塔为什么会倾斜？

▼ 明显倾斜的比萨斜塔

比萨斜塔是意大利比萨城大教堂的独立式钟楼，屹立于意大利托斯卡纳省比萨城北面的奇迹广场上。

比萨斜塔于 1173 年 8 月开始修建，当时设计为垂直建造，但是在工程开始后不久 (1178)，建筑就出现了倾斜，后曾间断了两次，历经约 200 年才于 1372 年完工。完工后的比萨斜塔仍继续倾斜，目前比萨斜塔倾斜约 10%，即 5.5°，偏离地基外沿 2.3 米，顶层突出 4.5 米。

比萨斜塔之所以会倾斜，

绝世建筑

▲ 比萨斜塔

是由于它地基下面土层的特殊性造成的。比萨斜塔下有好几层不同材质的土层，各种软质粉土的沉淀物和非常软的黏土相间形成，而在深约一米的地方则是地下水层。这个结论是在对地基土层成分进行观测后得出的。最新的挖掘表明，钟楼建造在了古代的海岸边缘，因此土质在建造时便已经沙化和下沉。

为什么说科尔多瓦大清真寺是卡里费特文明的证明？

科尔多瓦清真寺又名大礼拜寺，是西班牙著名的伊斯兰建筑，也是世界上最大的礼拜寺之一。

公元前 786 年前后，白衣大食王国国王阿卜杜勒·拉赫曼一世欲使科尔多瓦成为与东方匹敌的伟大宗教中心，在罗马神庙和西哥特式教堂的遗址上修建了科尔多瓦清真寺。之后又历经了几次扩建，虽然面积不断增大，但其建筑风格和特色并没有改变。

建筑最突出的特征是解决了拱门直接支撑天花板这一技术难题。他们使用的两个附加拱门是崭新的阿拉伯式样。马掌式的拱门上有大理石或砖楔形拱石，天花板上平贴着木制板。在清真寺中，威拉威斯克萨小教堂最有特色，它首次有了在西班牙建筑中很重要的卡里费奥式拱顶。大厅的装饰在卡里费奥式中最为豪华，包括围着拱门精心镶嵌的花叶图案、彩色圆屋顶及独一无二的装饰。在小教堂的中心有装饰华丽的壁龛。因此，科尔多瓦清真寺又被看作卡里费特文明（929−1031年）的向征。

▼ 科尔多瓦清真寺

巴黎圣母院为什么能闻名于世？

一提到巴黎圣母院人们就会想到法国作家维克多·雨果的名著《巴黎圣母院》，但巴黎圣母院能闻名于世，除了这部著作的声名远播，还因为其建筑的独特之处。

巴黎圣母院是一座典型的"哥特式"教堂，是欧洲建筑史上一个划时代的标志。在它之前，教堂建筑大多数笨重粗俗，沉重的拱顶、粗矮的柱子、厚实的墙壁、阴暗的空间，使人感到压抑。巴黎圣母院冲破了旧的束缚，创造一种全新的轻巧的骨架拱券，这种结构使拱顶变轻了，空间升高了，光线充足了。复杂和精细的哥特式拱门外观和华丽的内饰使室内明亮且通风顺畅。

哥特式教堂的造型既空灵轻巧，又符合变化与统一、比例与尺度、节奏与韵律等建筑美法则，具有很强的美感。这种独特的建筑风格很快在欧洲传播开来，巴黎圣母院也因其在建筑中的开创性而闻名世界。

▼ 巴黎圣母院

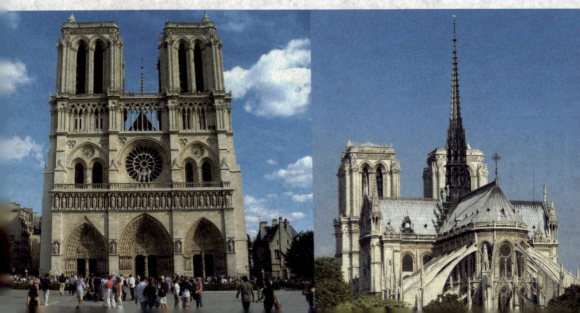

巴黎圣母院为什么是"穷人的圣经"？

　　巴黎圣母院是古老巴黎的象征。它矗立在塞纳河畔，位于整个巴黎城的中心。它的地位、历史价值无与伦比，是历史上最为辉煌的建筑之一。教堂形体方正，仪态庄严，底层与中层的分界线是国王廊，每一个拱券中都雕有一尊国王雕像，代表着《圣经·旧约》中记载的以色列历任的28位国王。

　　国王廊上面的中央有一个玫瑰花形的大圆窗，其直径约10米，是巴黎圣母院的象征。大圆窗的两侧是对称的拱形石质中楞窗子，雕刻装饰的匀称严谨。最下方是三个内凹的雕饰门洞。每个门洞上都精雕细刻了成百上千个人物形象，代表着天堂或地狱的神灵。中间门洞表现的是"最后审判"的故事，中分柱上是基督像、圣母玛丽亚像和众多天使像。

　　巴黎圣母院的底层并列着三个桃核形门洞，左门为"圣母之门"，右门称"圣安娜之门"，中门则是著名的"最后审判之门"，表现的是耶稣在"世界末日"宣判每个人命运的场景。当时，教堂里的牧师们只用一般民众难懂的拉丁文宣讲，这些雕塑可用来帮助不识字的人们了解《圣经》中的故事，所以被称为"穷人的圣经"。

▶ 巴黎圣母院中的雕塑

卢浮宫为什么又被称为"万宝之宫"？

卢浮宫是法国最大的王宫建筑之一，始建于 1204 年，历经 800 多年扩建、重修达到今天的规模。卢浮宫是法国历史上最悠久的王宫，居住过 50 位法国国王和王后，现已开辟为博物馆对外开放。

卢浮宫之所以被称为"万宝之宫"，是因为其收藏的珍品十分丰富，且门类繁多，来自世界各地。目前博物馆收藏目录上记载的艺术品数量已达 40 万件。这些珍品从古代埃及、希腊、埃特鲁里亚、罗马的艺术品，到东方各国的艺术品，有从中世纪到现代的雕塑作品，还有数量惊人的王室珍玩及绘画精品等。卢浮宫是世界著名的艺术殿堂。

 卢浮宫

卢浮宫镇馆三宝

　　卢浮宫内收藏的物品件件都是艺术佳品，但其镇馆三宝更是闻名世界，很多人不远万里来到法国就是为了一睹它们的风采。这镇馆三宝就是：女神雕塑《断臂维纳斯》、古希腊雕塑杰作《胜利女神》、达·芬奇绘画作品《蒙娜丽莎》。

绝世建筑

法国帝王为什么要修建枫丹白露宫？

　　枫丹白露宫及其花园，位于塞纳河左岸的枫丹白露镇，距巴黎约 60 千米。枫丹白露意为"美泉"，当地泉水十分清冽。12 世纪路易六世在泉边修建了城堡，供打猎休息使用，这就是后来的枫丹白露宫。这座富丽堂皇的宫殿，是历代帝王居住、野餐和临时打猎的行宫，历史上亨利二世、亨利四世、路易十四、路易十五、路易十六和拿破仑等法国帝王都曾在此居住过。

▼ 美丽的枫丹白露宫

▶ 圆明园也曾是珍宝汇集的地方

枫丹白露宫的中国馆为什么被称为"中国圆明园的再现"？

在西方博物馆中，收藏和展览圆明园珍宝最多最好的要数枫丹白露宫，宫中的中国馆是由法国皇帝拿破仑三世的欧也妮王后主持建造的。修建中国馆，就是为了存放从中国圆明园抢来的文物。

1860 年英法联军劫毁圆明园后，侵华法军司令孟托邦把从圆明园抢劫来的所谓战利品敬献给拿破仑三世和欧也妮王后。中国馆内陈列的中国明清时期的古画、金玉首饰、牙雕、玉雕、景泰蓝佛塔等上千件艺术珍品，这些藏品大多来自圆明园。至 21 世纪初，馆内收藏的中国珍品已达到 3 万多件。

绝世建筑

克里姆林宫为什么被视为俄罗斯的象征？

　　克里姆林宫是俄罗斯世俗和宗教的文化遗产，它既是政治中心，又是公元 14~17 世纪俄罗斯东正教的活动中心。这里过去是统治俄罗斯帝国的多代君王的皇宫，十月革命后是苏联最高权力机关和政府的所在地，今天又是俄罗斯的总统府。可以说，从公元 13 世纪起，克里姆林宫就与俄罗斯的所有重大政治事件有关，它见证了俄罗斯不断强大的历史。不仅如此，克里姆林宫独特的建筑风格和庞大的建筑规模，构成了一组无比美丽而雄伟的艺术建筑群。克里姆林宫因其悠久的历史和独特的建筑风格而成为俄罗斯国家的象征。

▼ 克里姆林宫

▲ 圣彼得大教堂

君士坦丁大帝为什么要兴建圣彼得大教堂？

  闻名世界的圣彼得大教堂是罗马天主教的中心教堂，是欧洲天主教徒的朝圣地，是世界五大教堂之首，是全世界第一大圆顶教堂。圣彼得大教堂最初是由君士坦丁大帝于公元 326—333 年在圣彼得墓地上修建的，称老圣彼得大教堂，于公元 326 年落成。之所以在圣彼得墓地上修建此教堂，是因为圣彼得是耶稣最亲密和最忠诚的门徒，他在耶稣的信徒中占据领导地位，对基督教的成立影响重大。据说他死后被埋在此地，之后为了纪念他，人们在此地建立了一个神社，300 年后君士坦丁大帝下令在其墓地处建立了圣彼得教堂。16 世纪，教堂重建，120 年后正式宣告落成，这就是现在的圣彼得大教堂。

绝世建筑

为什么圣彼得大教堂被认为是意大利文艺复兴的纪念碑？

圣彼得大教堂始建于公元 4 世纪，当时的建筑是一个早期的基督教式的建筑。16 世纪初，教皇尤利亚二世为实现政教统一国家的宏愿，决定重建圣彼得大教堂。

当时，正值文艺复兴运动的高潮，人文主义思想很活跃。设计师伯拉孟特把建筑平面图设计成正方形与希腊十字式迭合的集中式平面，中央一个大厅，四面以同样形状和大小的小厅延伸出来，形成较强的宗教纪念气氛。可是，这个设计方案与天主教精神不符。伯拉孟特死后，教皇立奥十世任命画家拉斐尔负责教堂设计，要求将原设计改为正统天主教会的拉丁字平面。"十"字的一臂特别长，形成一个较大的厅，这既符合天主教仪式的要求，更象征了耶稣受难的十字架。这是两种思想的斗争，前一个方案代表了文艺复兴的人文主义思想，后一个方案代表了中世纪宗教禁欲主义，强调了神的精神力量。

圣彼得大教堂的建造历时 120 年，期间意大利最优秀的建筑师布拉曼特、米开朗基罗、德拉·波尔塔和卡洛·马泰尔相继主持过设计和施工，直到 1626 年 11 月 18 日才正式宣告落成。建筑为文艺复兴式

◀ 文艺复兴体现在各种艺术形式上

和巴洛克式建筑风格，是全世界第一大圆顶教堂，被认为是意大利文艺复兴的纪念碑。

圣彼得大教堂中的雕塑

　　圣彼得大教堂在重建的过程中有许多顶尖的建筑师和艺术家参与其中，文艺复兴时期著名艺术家米开朗基罗也参与了设计。大教堂拱顶上的壁画有他的辛勤创作，教堂内更有他创作的著名雕塑"哀悼基督"。

　　已经死去的耶稣宛如沉睡般躺在母亲怀中，圣母玛利亚眼帘低垂，无限哀伤地看着怀中的耶稣，静默的悲哀体现了基督教顺从和忍受的教义。此作品一出立刻轰动罗马，现今"哀悼基督"雕像是圣彼得教堂最知名的艺术杰作。

伦敦塔在英国历史上有什么重要意义？

　　伦敦塔是由威廉一世为镇压当地人和保卫伦敦城，于1087年开始动工兴建的，堪称英国中世纪的经典城堡。后来，历代王朝又修建了一些建筑物，使伦敦塔既有坚固的兵营要塞，又有富丽堂皇的宫殿，还有天文台、教堂、监狱等建筑。整个建筑群反映了英国不同朝代的建筑风格。

绝世建筑

▲ 伦敦塔是英国著名的古老建筑

作为防卫森严的堡垒和宫殿，英国数代国王都在此居住，国王加冕前往伦敦塔便成了一种惯例。现在伦敦塔内的珍宝馆还对外展出一些珍贵的御用珍品。

伦敦塔以其独特的建筑和承载的历史，成为英国的象征。

伦敦塔内为什么饲养着渡鸦？

伦敦塔是英国国家的象征，但在塔内却饲养着渡鸦。塔内饲养渡鸦是源于一个古老的传说。传说如果渡鸦离开这里，塔就会倒掉，王朝就会垮台。因此，这些渡鸦祖祖辈辈就成为　最受娇宠的常住客人了。

为了确保这些渡鸦不会全部离开伦敦塔，饲养人员还剪除了它们部分羽翼使渡鸦失去飞行能力，但相对的也受到非常细心的照料与关注。

目前塔内还有7只渡鸦，是很受游客欢迎的吉祥物。

渡鸦与乌鸦同属鸦科，但体型较乌鸦大。图为大嘴乌鸦 ▼

为什么说科隆大教堂是最完美的哥特式建筑？

科隆大教堂是位于德国科隆的一座天主教主教座堂，是科隆市的标志性建筑物。科隆大教堂也属于哥特式建筑。其结构为罕见的五进建筑，内部空间挑高又加宽，高塔直向苍穹，象征人与上帝沟通的渴望。除两座高塔外，教堂外部还有多座小尖塔烘托。教堂四壁装有描绘《圣经》人物的彩色玻璃；钟楼上装有 5 座响钟，最重的达 24 吨，响钟齐鸣，声音洪亮。

无论是建筑规模还是装饰艺术，科隆大教堂均胜过它之前所有的哥特式建筑，因而它被看作最完美的哥特式建筑。

▼ 科隆大教堂是德国科隆市的标志建筑

科隆大教堂的尖塔为什么都是黑色的？

与其他哥特式建筑洁白、高耸的尖顶不同，科隆大教堂的尖顶是黑色的，这是怎么回事儿呢？

原来，科隆是欧洲最重要的工业基地，也是德国最大的褐煤生产基地。泛酸的空气侵蚀着教堂的每一块石头，大教堂建成仅160多年，由于长期受到工业废气和酸雨的污染、腐蚀，双塔由原来的银白色变成了黑褐色。这种现象引起了人们的关注，当地管理部门曾对尖顶进行过清洗。后来政府决定保留双塔被污染了的黑褐色，以引起世人对环保工作的重视，增强人们的环保意识。

▶ 科隆大教堂的尖顶因为环境污染都已变成黑色

知 识 链 接

科隆大教堂

大教堂的兴建是天主教和中世纪文化在欧洲兴起的象征。而教堂之所以建成罗马风格，是因为德国早期深受罗马文化影响的结果。

古罗马人为什么要建加尔桥？

　　加尔桥位于法国南部加尔省，是一座三层的石头拱形桥。它是古罗马帝国时期修建的高空引水渡槽。

　　2000年前的古罗马人每建造一座新城市，都会建造水渠，引水供应城市。当时加尔省尼姆（加尔省省会城市）陈旧的供水系统已经不能满足古罗马人新建城市的需要。于是主管古罗马供水工程的马库斯·阿格里帕修建了一条水渠，把50千米外的泉水引到城里。

　　古罗马人按惯例将这条引水渠道埋入地下，可是在某个地方该水渠必须越过加尔河峡谷。古罗马人在这里建造了宏伟的加尔桥。

　　加尔桥高49米，长269米，渠桥作为水渠的使用时间可能长达4个世纪。

　　已经历经两千多年的加尔桥历经了洪水、战乱和社会变迁，但桥梁依然保存完好，不能不令人惊叹古罗马建筑师们的鬼斧神工。

▼ 加尔桥是2000年前的古罗马人建造的

绝世建筑

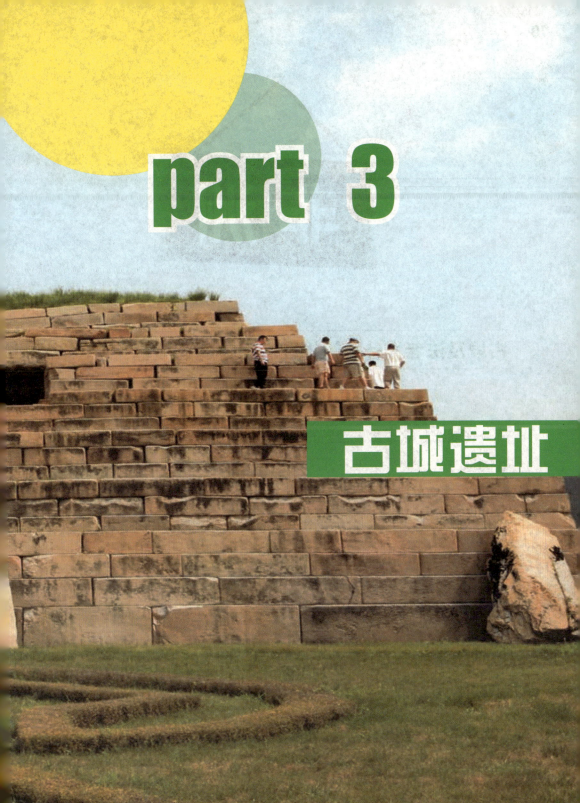

part 3

古城遗址

古埃及法老为什么选择在帝王谷建造陵墓？

在埃及，除了蜚声世界的金字塔外，还有一处令无数旅游者向往的地方，这就是帝王谷。

帝王谷位于开罗南部，是古埃及新王朝时期十八到二十王朝（大约从公元前 1539 年到公元前 1075 年）时期的法老和贵族主要陵墓区。帝王谷处在一片荒无人烟的石灰岩峡谷中，在那里的断崖下面就是古代埃及新王朝时期法老们的安葬地。法老们为什么选择将自己的遗体安葬于隐秘的断崖之下呢？

根据目前比较权威的说法，帝王谷始于法老图

▲ 帝王谷古老建筑

特摩斯一世（公元前 1545 年－前 1515 年）。图特摩斯鉴于先人
的陵寝遭受盗墓人的侵害，就决定把自己的陵墓同殡葬礼堂分开。
他的墓地距礼堂将近 1.6 千米。他命人在底比斯山西麓隐蔽的断崖
处开凿了一条坡度很陡峭的隧道作为墓穴，并将遗体（木乃伊）安
放在那里。此后的 500 年间，法老们就不断地在这个山谷里沿用这
种方式构筑自己的岩穴陵墓。

古城遗址

帝王谷中最有名的法老是谁？

　　作为一个墓葬群，帝王谷一共有 60 多座帝王陵墓，埋葬着埃及第十七王朝到第二十王朝期间的 64 位法老，其中有图特摩斯三世、阿蒙霍特普二世、塞提一世、拉美西斯二世等著名法老，其中最有名的是图坦卡蒙。

　　图坦卡蒙（公元前 1341－前 1323 年）是古埃及新王国时期第十八王朝的法老。在众多法老陵墓中，他之所以能闻名于世主要是源于其陵墓的诅咒。

▼ 图坦卡蒙是古埃及有名的国王

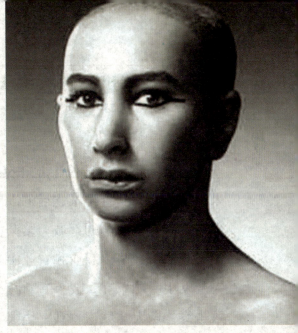

图坦卡蒙的陵墓上镌刻着这样一行墓志铭："谁要是干扰了法老的安宁，死亡就会降临到他的头上。"这种诅咒对于20世纪的现代人没有任何的震慑作用，于是1922年英国考古学家霍华德·卡特带人开始了对图坦卡蒙陵墓的挖掘，在此之前3000多年时间中图坦卡蒙的陵墓从未被盗。墓中数不尽的珍宝曾轰动一时，发掘之后又有一些考古学家和科学家对图坦卡蒙的干尸进行分析研究。不知是否是诅咒应验，在陵墓被发掘后的3年多时间中，先后有22名参与图坦卡蒙陵墓发掘的人员意外死去。对于这

▲ 人们根据图坦卡蒙的尸体和面具等模拟出的图坦卡蒙图像

些人员的非正常死亡，人们无法用科学进行解释，加之一些影视剧和小说的渲染，人们都对图坦卡蒙诅咒充满了恐惧。图坦卡蒙因这个古老的诅咒而成为埃及最为著名的法老。

知 识 链 接

埃及第十八王朝

埃及第十八王朝是古埃及新王国时期的第一个王朝，也是古埃及历史上最强盛的王朝，所处的时间大致是公元前16世纪至前13世纪（公元前1575年－前1308年）。在古埃及的31个王朝中，该王朝是延续时间最长、版图最大、国力最鼎盛的一个朝代。

古城遗址

迦太基古遗址为什么多为古罗马风格？

　　迦太基古城遗址位于北非突尼斯北部，距首都突尼斯约 18 千米。从公元前 9 世纪末之后的 600 多年中，迦太基城曾是有名的奴隶制强国迦太基国的都城，繁荣富庶，威甲一方，成为当时地中海地区政治、经济、商业和农业中心之一。公元前 3 世纪，罗马与迦太基发生激烈争夺，战争断断续续，直到公元前 146 年以迦太基战败告终。迦太基城遭罗马军烧毁，成为废墟。现在所看到的迦太基古城遗址，是罗马人在公元前 146—公元 439 年占领时期重建的，迦太基城曾一度发展成为当时仅次于罗马的第二大城市。因此，现在的迦太基古城中，人们可以看到极具罗马风格的建筑，如竞技场、跑马场、剧场、港口等。

▼ 迦太基古城遗址

拉利贝拉统治者为什么要建造岩石教堂？

拉利贝拉岩石教堂始建于公元 12 世纪后期拉利贝拉国王统治时期。有"非洲奇迹"之称，是 12 世纪和 13 世纪基督教文明在埃塞俄比亚繁荣发展的非凡产物。

对于拉利贝拉国王建造岩石教堂有这样的一个故事。

据说，12 世纪埃塞俄比亚第七代国王拉利贝拉呱呱坠地的时候，一群蜂围着他的襁褓飞来飞去，驱之不去。拉利贝拉的母亲认准了那是儿子未来王权的象征，便给他起名拉利贝拉，意思是"蜂宣告王权"。当政的哥哥想毒杀他，被灌了毒药的拉利贝拉三天长睡不醒，在梦里，上帝指引他到耶路撒冷朝圣，并得神谕："在埃塞俄比亚造一座新的耶路撒冷城，并要求用一整块岩石建造教堂"。于是拉利贝拉当政后就按照神谕在埃塞俄比亚北

▲ 拉利贝拉岩石教堂

部海拔 2600 米的岩石高原上，动用 5000 人工，花了 30 年的时间凿出了 11 座岩石教堂，人们将这里称为拉利贝拉。从此，拉利贝拉成为埃塞俄比亚人的圣地。至今，每年 1 月 7 日埃塞俄比亚圣诞节，信徒们都将汇集于此。

古城遗址

为什么说大津巴布韦代表了南部非洲古代文明？

▼ 津巴布韦国旗

"津巴布韦"一词源于邵纳语，意为"石头建筑"或"石头城"，大津巴布韦是这些遗址中最大、最壮观的。大津巴布韦遗址位于今津巴布韦共和国内。

据考证，这座石头城建于公元 600 年前后，是马卡兰加古国的一处遗址。古城分为外城和内城两部分，都由石块砌筑。

从"大津巴布韦遗址"出土的文物，其中有中东的陶瓷、阿拉伯的玻璃等。在遗址旁还保留着古代的梯田、水渠、水井，遗址地基上还找到了古代铸造钱币的泥模。甚至在大津巴布韦遗址处人们还挖掘出 4 块中国明代瓷器碎片，其中两块大的可以辨认出是青瓷大花瓶的底座部分。从挖掘的文物来看，大津巴布韦遗址曾经是一座非常繁荣的城市，农业、冶炼业、对外贸易都非常发达。

在大津巴布韦遗址中最珍贵的文物是"津巴布韦鸟"。鸟用淡绿色的皂石雕刻而成，鸟身如鹰，而头似鸽子，脖子高仰，翅膀紧贴身子，长约 50 厘米，雄踞在 1 米高的石柱顶端。这种石雕鸟是津巴布韦一个部族世世代代崇拜的图腾，一直信奉至今。皂石柱上的鸟后来被人们称为"津巴布韦鸟"，现在它被作为津巴布韦的象征，印在国旗和硬币上。

可以说，大津巴布韦是在南部非洲发现的最为先进的古老文明，也因此人们将其视作南部非洲古文明的代表。

提帕萨古城主要是哪个古老帝国的建筑遗址？

提帕萨是北非保存最好的罗马帝国时期的城市遗址。提帕萨古城始建于公元前1世纪，是当时北非的一大港口，为古迦太基的贸易驿站。随着罗马人于公元前146年攻占迦太基，提帕萨最终也被罗马帝国吞并。之后在罗马帝国统治下的500年内，提帕萨逐渐成为罗马帝国的一流城市。因此，古城的建筑极具罗马风格，断壁残垣中蕴含了极其丰富的人文特色，同时也反映了古罗马人的生活状况。

由于公元429年汪达尔人的入侵，罗马帝国逐渐衰败了，提帕萨也逐渐被遗忘，最终被黄沙淹没。由于沙漠的掩埋使这座古城被保存下来，提帕萨是地中海沿岸保存最完好的古罗马遗址之一。置身于发掘后的考古区，仍然能够强烈地感受到当年罗马帝国那气势非凡的宏大与壮观。

▼ 提帕萨古城遗址

古城遗址

三星堆文字为什么会突然消失？

　　三星堆古遗址属于古蜀文化遗址，位于四川省广汉市西北的鸭子河南岸，分布面积 12 平方千米，距今已有超过 3000 年的历史。

　　在三星堆出土的文物，有高 2.62 米的青铜大立人，有宽 1.38 米的青铜面具，更有高达 3.95 米的青铜神树等，均堪称独一无二的旷世神品。这些文物显示三星堆青铜文明非常发达，但是在那里却没有发现系统的文字，仅发现了几个零星的文字符号。

　　根据古文字专家的研究，三星堆有过较为成熟的文字。但为什么到目前还没有发现大量的文字呢？这可能是因为当时文字的载体是木头，很难保存，这一说法得到了普遍赞同。因为从目前的研究来看，当时三星堆的气候湿润，城镇周围都是大片的森林，木头肯定是居民们大量使用的材料。他们很有可能把大量文字刻在木头上，与在青铜器或玉器上刻字相比，在木头上刻字更为容易些。随着时间的推移，刻字的木头腐烂不复存在，以致今人无法发掘出更多的文字资料。

另外还有人猜测，可能是外来文化的入侵，使得本土文化被同化，其文字变成了一种与外来文字融合的文字符号。

虽然三星堆文字之谜还无定论，相信随着人们不断的深入研究，三星堆文字谜团终究能被解开。

三星堆出土的青铜面具为什么是"凸目"？

三星堆遗址出土的珍品中最让人感到惊奇、让人感到不可思议的是那三尊眼睛异常突出的青铜人面像，其中一尊超大的青铜人面具，他那双粗大的柱状眼球突出眼眶达十几厘米，

在三星堆出土的青铜人像都颧骨凸出，阔嘴大耳，眼睛凸出，在这里出土的青铜像面具更是有一对特别明显的"凸目"，为什么青铜像面具要设计成凸目呢？

对此，很多研究者认为这个青铜像面具是依照古蜀人第一位伟大的祖先——蚕丛氏设计的。根据传说和《华阳国志·蜀说》记载，最早的蜀王："蚕丛，其目纵，始称王。"据说蚕丛是古蜀国一位伟大的妇女，她发明养蚕、缫丝后就被族人尊为神，并进而奉为本族的首领。但这位妇女可能是一个甲状腺功能亢进病患者，甲状腺功能亢进病是一种至今病因及发病机理未明的疾病，这种病的特点之一就是眼睛呈恐怖状突出。由于这样的病症出现在神一样的人物身上，在常人看来是非常神奇的，人们就将她眼睛突出的特点一代一代地夸大，直到1000多年以后她的眼睛被人们夸大成三星堆遗址里青铜像的样子。

▶ 三星堆出土的青铜面具

为什么莫高窟内的壁画历经千年而不褪色？

　　敦煌莫高窟坐落在河西走廊西端的敦煌，以精美的壁画和塑像闻名于世。莫高窟的壁画总面积达 4.5 万平方米，壁画内容丰富，形象逼真。莫高窟壁画更让人感到神奇的是其历经千年却不褪色，这是为什么呢？

　　根据研究，敦煌壁画使用的都是天然矿物质原料，颜色纯正色质稳定。其次敦煌莫高窟位于东南鸣沙山的断崖上，那里气候干旱少雨，风沙大，多数洞窟一直被沙漠掩埋着，风沙的埋没有利于文物的保存且避免了光线引起的颜料褪色等。这些因素结合在一起，才使得现在的我们仍能看到 1000 多年前壁画的精美。

▼ 敦煌莫高窟与窟内壁画

为什么莫高窟以唐朝的作品最兴盛？

　　莫高窟始建于十六国的前秦时期，历经十六国、北朝、隋、唐、五代、西夏、元等历代的兴建，才形成现今的规模。莫高窟中的这些佛教艺术作品中以唐朝作品最为兴盛，出现这种现象的原因首先是唐朝前中期国力雄厚、人民富裕，佛教广为传播，佛教信徒众多，为莫高窟的建设提供了物质和人力基础。其次，统治者自身的信奉，促使国家投入大量财力修建，佛教石窟艺术昌盛，受此影响莫高窟的修建也较为兴盛。还有研究者认为唐朝统治者也是处于文化传播的考虑，修建敦煌莫高窟有利于对西域各国施加影响。

　　社会风气、个人信仰、国家支持等因素是莫高窟中唐朝作品兴盛的主要原因。

古城遗址

为什么说莫高窟是 20 世纪最有价值的文化发现？

莫高窟，俗称千佛洞，素有"东方卢浮宫"的美誉，更被认为是 20 世纪最有价值的文化发现。莫高窟现有洞窟 492 个，壁画 4.5 万平方米，泥质彩塑 2415 尊，是世界上现存规模最大、内容最丰富的佛教艺术圣地，与龙门石窟、云冈石窟和麦积山石窟，并称为中国四大石窟。

敦煌石窟的彩塑大多是佛教内容，如彩塑和壁画的尊像，释迦牟尼的本生、因缘、佛传故事画等，每一类都有大量、丰富的材料，还涉及印度、西亚、中亚等国，可以帮助人们了解古代敦煌及河西走廊的佛教思想、宗教、信仰、传播，以及佛教与中国传统文化的

▼ 云冈石窟

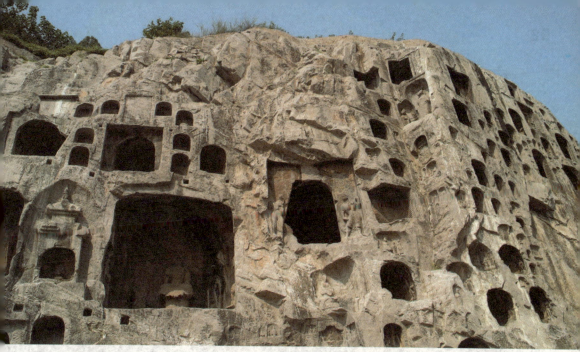

▲ 龙门石窟

融合，佛教中国化的过程等。

　　敦煌壁画自十六国至西夏描绘了成千上万座计的不同类型的建筑画，这些建筑有以成院落布局的组群建筑，有单体建筑。壁画中还留下了丰富的建筑部件和装饰，是一份长达千年的建筑形象资料，展示了一部中国建筑史。可贵的是，敦煌建筑资料的精华，反映了北朝至隋唐 400 年间建筑的面貌，填补了南北朝至盛唐建筑资料缺乏的空白。

　　敦煌作为中西交通的枢纽，在壁画上不但留下了商旅交往的活动情景，还留下了宝贵的交通工具的形象资料。而从壁画中的器皿呈现出的颜色和纹饰，可以发现西亚萨珊风格或罗马风格，说明这些玻璃器皿是从西亚进口的，由此反映出中西方古时的玻璃贸易。

　　以莫高窟为中心的敦煌石窟，已于 1987 年列入《世界遗产名录》。作为我国的民族艺术瑰宝，它具有高度的历史价值和艺术价值，是人类文化的宝贵遗产。

古城遗址

繁华的楼兰古城为什么会消失？

　　楼兰，西域古国名，楼兰古城遗址位于新疆巴音郭楞蒙古自治州若羌县北境，罗布泊的西北角、孔雀河道南岸的 7 千米处。

　　早在公元前 77 年，楼兰地区已是西域农业发达的绿洲。据《汉书·西域传》记载，在公元 2 世纪以前，楼兰就是西域一个著名的"城郭之国"。它东通敦煌，西北到焉耆、尉犁，西南到若羌、且末。古代"丝绸之路"的南、北两道从楼兰分道。可在公元 500 年左右，古楼兰王国突然销声匿迹。对于楼兰古城消失的原因有战争说、气候变迁说、冰川说、沙漠风暴说等多种，这其中以气候变迁得到的认可最多。

据说 3000 年前，罗布泊湖水面积曾达 12000 平方千米，古孔雀河水源充足，楼兰一方面为了靠近水源依水建城，一方面又害怕洪水侵扰，所以他们选择了有孔雀河支流穿过的高地。科学家测量后发现，这块高地比现在干涸的罗布泊湖底高出近 30 米，比现在的孔雀河流域也高出十几米。

根据科考专家的介绍，随着气候的变化，罗布泊逐步退缩，河流和罗布泊之间入湖的高差加大，河水的流速加快，河流下切，下切的过程则使高地越来越高。专家解释说，随着高地的抬升，人们取水开始变得困难，穿城而过的古孔雀河支流也渐渐干涸，最终古孔雀河改道而行，罗布泊湖水大量萎缩，人们离最近的水源也要走好几千米。科学家表示，在这种环境下，社会体系已经相当脆弱，可以说恶劣的自然环境是楼兰古城消失的主要原因。而其他诸如战争、政治、经济等的变化，只是楼兰古城消失的一个次要原因。

▼ 楼兰古城遗址

高句丽遗址可以寻找到哪些文明遗迹？

　　高句丽遗址位于中国吉林省集安市，东邻朝鲜。公元 3 年，高句丽迁都国内城（今集安市），集安市作为高句丽政权的都城长达 425 年之久，留下了许多文物古迹，包括山城、陵墓、碑石、上万座古墓和众多的出土文物，构成令世界瞩目的洞沟文化。

　　其中，宏伟壮观的将军坟，被誉为"东方金字塔"；好太王碑是现存最早、文字最多的高句丽考古史料。碑文为汉字，为庄严厚重的隶书，也保留部分篆书和楷书，形成一种方方正正的书法风格，是中国书法由隶入楷的重要例证之一；古墓壁画的内容丰富多彩，真实而生动地再现了高句丽民族的乡土乡情和社会风貌。壁画上镶嵌着夜明珠等宝石，这在中国壁画史上是十分罕见的。现在，集安高句丽遗址因保存着世界上最多的高句丽文物古迹，已被列入世界文化遗产名录。

▼ 高句丽遗址

▲ 佩特拉古城

佩特拉城为何早早就被遗弃了？

　　佩特拉古城是约旦南部的一座历史古城遗址，它是约旦最负盛名的古迹区之一。古城建在一条狭长的峡谷中，由阿拉伯游牧民族纳巴泰人在岩石上敲凿而成。该城一直是东西商路的重要中心，所以十分繁华，在公元106年古罗马人接管以后，佩特拉仍繁华不减。随着南北商路的开通，货物可直接从南边的红海出入，佩特拉逐渐失去了原有的重要地位，最终它被遗弃了。1812年，瑞士一位探险家重新发现了这里，在销声匿迹了几百年后，佩特拉才重见天日。

古城遗址

人们以哪部古代史诗为向导找到了特洛伊古城？

特洛伊是公元前 16 世纪前后由古希腊人所建，为古希腊殖民城市。在公元前 13 世纪至前 12 世纪，此处颇为繁荣。公元前 12 世纪初，迈锡尼联合希腊各城邦组成联军，渡海远征特洛伊，战争延续 10 年之久，史称"特洛伊战争"，特洛伊也因此闻名。城市在战争中成为废墟，荷马史诗中的《伊利亚特》即叙述此次战争事件。

德国传奇式的考古学家海因里希·施里曼在十四五岁时曾陶醉于铿锵悦耳的荷马诗篇，他当时就梦想有朝一日能找到特洛伊古城。出于这一梦想，他毅然放弃了生意，投身于考古事业。根据《伊利亚特》的叙述，经过几年的发掘，最终使得荷马史诗中长期被认为是文艺虚构的国度：特洛伊、迈锡尼和梯林斯重现天日。

▼ 特洛伊古城遗址

▲ 与特洛伊相关的"木马计"

关于特洛伊木马有什么传说？

　　与特洛伊古城同时闻名于世的还有特洛伊木马的故事。据说特洛伊木马名字来源于希腊神话《木马屠城记》。古希腊大军围攻特洛伊城，久久无法攻下。于是有人献计制造一只高 7 米的大木马，假装作战马神，让士兵藏匿于巨大的木马中，大部队假装撤退而将木马摈弃于特洛伊城下。城中得知解围的消息后，遂将"木马"作为奇异的战利品拖入城内，夜深人静之际，木马腹中躲藏的希腊士兵打开城门，特洛伊沦陷。

　　后来人们就常用"特洛伊木马"这一典故，用来比喻在敌方营垒里埋下伏兵里应外合的活动。

古城遗址

阿旃陀石窟群的壁画主要记载的是什么内容?

阿旃陀石窟群坐落在印度孟买东北部瓦古尔纳河谷悬崖峭壁上，距离崖底 70 多米，是印度古代佛教徒作为佛殿、僧房而开凿的，共 29 个洞窟。从公元前 1 世纪至公元 7 世纪，营建达 700 余年。石窟中有佛教雕塑、精美壁画等艺术作品，其中壁画是其最为人们瞩目的艺术，被认为是印度古代壁画的重要代表。

壁画依时代风格可分为早、中、晚 3 期。早期壁画构图多为横幅长条形，线条柔和淳朴。中期壁画正值笈多王朝文化艺术的鼎盛时期，画面构图壮阔繁密，布局紧凑和谐，色彩绚丽，较为注重人物的神情刻画和意境表达。到了晚期，壁画创作在艺术上日臻完善。此时壁画构图宏大庄重，整体感强，线条稳健，画面景物立体感有所加强，人物装饰更加华美，为阿旃陀石窟壁画艺术的最佳者。

石窟中的壁画主要记录了佛教艺术、历史和几个印度王朝的王室成员生活的场景。

◀ 鹿野苑说法的佛陀

▲ 如今的底格里斯河周边

尼尼微古城是古代哪个帝国的首都？

尼尼微位于底格里斯河东岸，在今天伊拉克北部城市摩苏尔附近。尼尼微建立于史前，在公元前 2500 年左右，它就成了一座真正的城市。公元前 8 世纪，亚述王辛赫那里布将都城由萨尔贡城迁到底格里斯河左岸的尼尼微，作为亚述帝国的首都。尼尼微曾一度车水马龙，热闹非凡，成为当时世界上最繁荣的城市之一。

为什么尼尼微古城被称为"血腥的狮穴"？

虽然尼尼微古城曾十分繁华，但由于统治者的残暴，在犹太人和其他民族的书籍典故中，尼尼微被称为"血腥的狮穴"。

亚述国王对在战争中不肯投降的战败国极其残酷，实行杀光、烧光、抢光的残暴政策。在攻破别国城池之后，亚述士兵残酷地对待城里的人们，不仅烧毁房屋，抢夺他们的财产，还掳走妇女……

亚述的残暴并没能将人民吓倒，反而激起了人们强烈的反抗浪潮。最终尼尼微城于公元前 612 年被新巴比伦和米底联军攻破，最后一代亚述王自焚而亡。尼尼微被洗劫一空后，又被付之一炬，从此一代名城与军事帝国亚述一起从世界上消失了。

▼ 亚述宫殿遗址的公牛雕塑

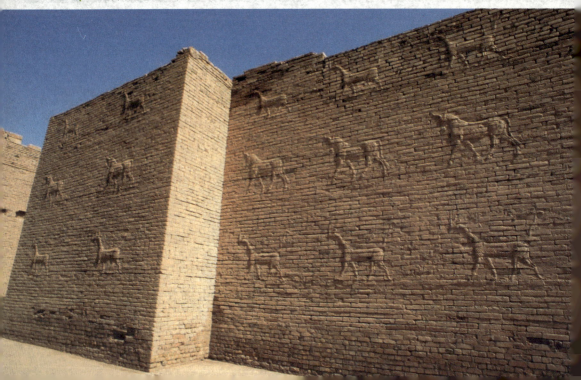

▲ 耶路撒冷城市风光

耶路撒冷被哪三大宗教视为"圣城"？

　　耶路撒冷是巴勒斯坦最大的城市，也是古代宗教活动中心之一。犹太教、基督教和伊斯兰教，分别根据自己的宗教传说，都奉该城为圣地。

　　自从公元前 10 世纪，所罗门王在耶路撒冷建成圣殿，耶路撒冷一直是犹太教信仰的中心和最神圣的城市，昔日圣殿的遗迹哭墙，仍是犹太教最神圣的所在地。基督徒也相当重视耶路撒冷，因为根据《圣经》记载，这里是耶稣受难、埋葬、复活、升天的地点。伊斯兰教也将耶路撒冷列为继麦加、麦地那之后的第三圣地，以纪念穆罕默德的夜行登霄，并在圣殿山上建造了两座清真寺——阿克萨清真寺和圆顶清真寺来纪念这一圣事。

　　三教奉一城为圣地，使耶路撒冷在全世界处于独一无二的地位。

古城遗址

欧 洲

为什么宙斯神庙被奉为古希腊的宗教中心？

宙斯神庙位于奥林匹亚村，是为了祭祀宙斯而建的，也是古希腊最大的神庙之一。宙斯神殿建于公元前 470 年，于公元前 456 年完工。由于宙斯是希腊神话众神之神，是奥林匹亚的主神，所以宙斯神庙的建筑及内部塑像都极尽奢华，神庙建成之后就成了古希腊的宗教中心。宙斯神像所在的宙斯神殿更是奥林匹克运动会的发源地。

◀ 在希腊神话中宙斯是众神之神。图为宙斯塑像

为什么雅典卫城建立了波塞冬神庙？

波塞冬是宙斯的哥哥，掌管大海和一切水域，他的坐骑是一头巨大如山的鲸，武器是象征力量的三叉戟。

波塞冬曾与智慧女神雅典娜争夺过雅典，争持不下，决定让民众选择，最后波塞冬祭出三叉戟，雅典娜伸出橄榄枝，最终，雅典人民选择了"和平"的雅典娜。由于生活在海边的希腊人对波塞冬的崇拜同样深入人心，这里的保护神虽是雅典娜，但人们还是建立了供奉波塞冬的神庙。位于雅典卫城中的波塞冬神庙是希腊各地海神庙中最著名的一座。

▶ 海神波塞冬塑像

古城遗址

探寻古老的文明

为什么克里特岛的地下迷宫代表了克里特文明？

克里特岛地下宫殿遗址是由英国考古学家于20世纪初发掘的。宫殿遗址占地面积22000平方米，有大小宫室1500多间，周围曾经古木参天。宫殿中主要建筑物之间有长廊、门厅、通道和阶梯相连，这些建筑廊道迂回、宫室交替，一走进去特别难于找到出路，因此人们又称其为"迷宫"。

在迷宫的墙上，还有壁画。壁画中有斗牛戏的内容，这与神话中所讲的宫中饲养吃童男童女的人头牛神怪物米诺牛相符合。长廊壁画中有表现国王、贵族活动的壁画。有的壁画中，男子们拿着金银器皿，女子们穿着镶白边的黑裙，体态婀娜，神情栩栩如生。在迷宫遗址中还发现了线形文字。从出土的大量文物表明，克里特青铜文化确实是世界古代文明中心之一。因此，人们将地下迷宫视为克里特岛文明的代表。

▼ 克里特岛风光

▲ 存于雅典帕特农神庙的命运三女神像

阿耳忒弥斯神殿为什么能跻身"古代世界七大奇迹"之列？

　　阿耳忒弥斯神殿是古希腊最大的神殿之一，其规模超过了雅典卫城的帕特农神庙，也是最早的完全用大理石兴建的建筑之一。它以建筑风格壮丽辉煌和规模巨大而跻身于"古代世界七大奇迹"之列。

　　神殿在最初建成时规模并不是很大，由于遭遇了一场大火，神殿被毁。为了让灵魂有寄托之所，人们就在原址上对神殿进行了重建。重建后的神殿占地面积达到了 6000 多平方米，成为当时世界上最大的大理石建筑。神殿被修饰的富丽堂皇，其内外都用铜、银、黄金和象牙制成的精美浮雕加以装饰，而神殿中央则设有一个呈"U"字形的祭坛，供奉着阿耳忒弥斯女神的雕像。

　　重建后的神庙矗立了大约 600 年。历经贪婪之徒的洗劫，最终于公元 246 年被哥特人损坏。人们在今天的阿耳忒弥斯神庙旧址处，用发掘出的大理石拼成了一根石柱作为对曾经辉煌的神殿的纪念。

古城遗址

马耳他岛上的巨石建筑为什么被称为建筑奇迹？

马耳他岛上有众多的古老的新石器时代的神庙遗迹。这些神庙都是由巨石建成，虽然建造比较简单，但这些建筑却有很多神奇之处。

这些巨石建筑中，最先引起人们注意的是戈佐岛上的吉干提亚神庙。这座神庙经考证建于公元前 2500 年前。在人类还没有发明任何机械的史前时代，神庙外墙部分所用石材竟然高达 6 米，这样巨大的石块是怎样运送到工地的，至今还是个谜。

穆那德利亚神庙呈扇形构造，因峭壁的遮掩，减少了风化侵蚀，保存得相当完整。这座神庙大约建于 4500 年前，它又被称为"太阳神庙"。有人仔细测量了这座神庙后提出，这座庙宇实际上是一座远古时代的"太阳钟"。根据太阳光线投射在神庙内的祭坛和石柱上的位置，可以准确地显示夏至、冬至等一年中的主要节令。直到现在，这些神奇的功能依然存在。

这些神庙多数比埃及金字塔建造的年代还要久远，但建造者在数学、建筑学、天文学和历法等方面都具有极高的造诣。在那样的年代可造成如此具有科学性的建筑，不得不说是建筑史上的奇迹。

◀ 随着时光的流逝，许多神庙都只剩下了一些简单的石柱

▲ 英格兰巨石阵

英格兰巨石阵设计上存在哪些奇妙的天文现象?

在英国伦敦西南 100 多千米的小村庄阿姆斯伯里,有世界闻名的巨石阵。巨石阵约建造于公元前 4000— 前 2000 年,为欧洲著名的史前时代文化神庙遗址。巨石阵占地大约 0.11 千米,主要是由许多整块的蓝砂岩组成,每块约重 50 吨。

巨石阵不仅在建筑学史上有重要地位,其在天文学上也有重大意义。

巨石阵的主轴线——通往石柱的古道和夏至日早晨初升的太阳在同一条线上;另外,其中还有两块石头的连线指向冬至日落

古城遗址

的方向。

有研究者还发现，巨石阵中几个重要位置，似乎都是用来指示太阳在夏至那天升起的位置。而从反方向看刚好就是冬至日太阳降下的位置。在靠近石阵入口处还有40多个柱孔，这些柱孔排成6行，恰巧和月亮在周期中（月亮有一个历时十九年的太阴历）到达最北的位置相符，也就是说6行柱孔很可能代表月亮的6次周期。

巨石阵的建造本身就是一个谜，而其与天文现象的高度吻合更显示巨石阵设计的科学性。古人的智慧总是超出我们的想象。

▲ 庞贝古城遗址

为什么庞贝古城会一夜之间消失？

　　庞贝古城位于意大利南部那不勒斯附近，维苏威火山西南脚下10千米处，距离罗马240千米。庞贝曾是古罗马第二大繁华城市，然而它却在一夜之间突然消失，这是因为它遭遇了维苏威火山的大喷发。

　　维苏威火山海拔1277米，据地质学家们考证，它是一座典型的活火山，数千年来它一直在不断喷发，庞贝城就是建筑在远古时期维苏威火山一次爆发后变硬的熔岩基础上的。公元初年，著名的地理学家特拉波经过考察之后认为它是一座死火山。当时的人们完全相信他的论证，对火山毫无防备，甚至在火山两侧种植树木和庄稼。公元62年，庞贝城遭遇了强烈地震，人们重新建城。谁也不曾想到仅10多年后，公元79年8月24日这一天，维苏威火山突然爆发了。瞬息之间，浓浓的黑烟，夹杂着滚烫的火山灰，铺天盖地降落到这座城市，空气中弥漫着令人窒息的硫黄味。很快，厚约5．6米的火山灰毫不留情地将庞贝从地球上抹掉了。火山喷发后好长时间才冷却下来，庞贝城所在之处只有河流样的焦土。

古城遗址

庞贝古城为什么被称为"天然的历史博物馆"？

千年过后的今天，我们看到了历史的一瞬。因为火山爆发的突然性，人们还来不及反应就被熔岩包裹。参与发掘庞贝城的历史学家瓦尼奥说："那是多么令人惊骇的景象啊！许多人在睡梦中死去，也有人在家门口死去，他们高举手臂张口喘着大气；不少人家面包仍在烤炉上，狗还拴在门边的链子上……"现今古城内挖掘出的尸体（多已成为化石），仍然保持着他们逝去一刻的固有形态。虽然火山爆发将城市毁灭，但同时也使此城得到了永生。由于被掩埋封存在渐渐冷却、凝固、变硬的火山灰中，古城躲过了上千年岁月的侵蚀，成为最天然的历史博物馆，供后人凭吊、研究。

▼ 如今的庞贝古城

▲ 罗马斗兽场浸染了古人太多的血迹

古罗马统治者为什么要修建罗马斗兽场？

    罗马斗兽场是古罗马时期最大的圆形角斗场，建于公元 72-公元 82 年间，由强迫沦为奴隶的 8 万犹太人和阿拉伯战俘用 8 年时间建造起来的，现仅存遗迹。遗址位于意大利首都罗马市中心，占地面积约 2 万平方米，围墙高 57 米，可容纳近 9 万观众。

    罗马斗兽场是罗马皇帝韦帕芗为庆祝征服耶路撒冷的胜利而建造，目的是为奴隶主和流氓们看角斗提供场所。大部分斗士都是奴隶和犯人。公元 80 年斗兽场工程竣工之时，举行了为期 100 天的庆祝典礼。古罗马统治者组织、驱使 5000 头猛兽与 3000 名奴隶、战俘、罪犯上场"表演"、"殴斗"，这种人与兽、人与人的血腥

古城遗址

大厮杀居然持续了 100 天，直到这 5000 头猛兽和 3000 条人命自相残杀、同归于尽。

罗马斗兽场见证了暴力和血腥，写满了奴隶们的悲惨命运。难怪有人说，只要你在角斗台上随便抓一把泥土，放在手中一捏，就可以看到印在掌上的斑斑血迹。

罗马斗兽场内的地面为什么崎岖不平？

罗马斗兽场距今已有近 2000 年的历史了，其遗址上刻满了岁月的斑驳，但其雄伟风姿仍在。参观斗兽场很多人都发出了疑问：斗兽场内的地面为什么崎岖不平，就像众多同心圆的环形石墙拼成的指纹图章？

其实，我们现在看到的椭圆形舞台崎岖不平的地面是斗兽场地下室的结构，当年角斗士和猛兽多数是通过地下室的升降梯来到地面上的。地下室主要用于储存道具和牲畜及角斗士，表演开始时再将他们吊起到地面上。研究者说吊起这些道具运用的是滑轮和绞盘。

在地宫之上砌有石头地面，但由于荒废时间太长，罗马城的居民曾一度将这里当成了采石场，石头等被撬走之后，就露出了地下室。

◀ 斗兽场
内部景观

哈德良皇帝为什么要修建哈德良长城？

哈德良皇帝是罗马帝国五贤帝之一，于公元117–138年在位，其统治期间为罗马帝国最为强大的时代。早在公元43年，罗马军队入侵了不列颠，只是占领到英格兰地区，难以向北推进，而北方的苏格兰人屡次进犯罗马帝国的占领地。哈德良皇帝来到不列颠视察，下令修建长城，以保卫罗马帝国的占领地。

哈德良长城由3个罗马军团历时约6年（公元122–127年）时间分段筑成。哈德良长城的建立，标志着罗马帝国扩张的最北界，它的建立也传达了罗马帝国无意挥师北进的思想。可以说哈德良长城加快了不列颠岛的和平进程。

▶ 哈德良长城遗址

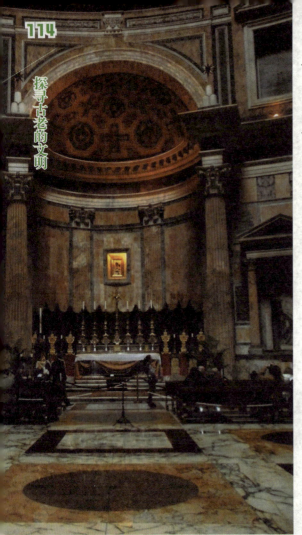

探寻古老的文明

古罗马万神殿

为什么意大利万神殿是古罗马建筑的杰作?

意大利万神殿始建于公元前27~25年,是由罗马帝国首任皇帝屋大维的女婿阿戈利巴建造,用以供奉奥林匹亚山上诸神,可以说是奥古斯都时期的经典建筑。万神殿的基础、墙和穹顶都是用火山灰制成的混凝土浇筑而成,非常牢固。

万神殿的基础部分底部宽7.3米,墙和穹顶底部厚达6米,穹顶顶部厚1.5米。为了减轻穹顶的重量,建筑师巧妙地在穹顶内表面制作了28个凹格,分成5排,同时,在墙上有门的前提下还开了7个凹室作为祭龛。穹顶顶部的矢高和直径一样,也是43.3米,使得内部空间非常完整紧凑。这样,万神殿的剖面恰好可以容得下一个整圆,而它的内部墙面两层分割也接近于黄金分割,因此它常被作为通过几何形式达到构图和谐的古代实例。万神殿内宽广空旷,无一根支柱,穹顶顶部开有直径9米的圆洞,这是整个万神殿内唯一的光源来源。万神殿是至今完整保存的唯一一座罗马帝国时期建筑,被米开朗基罗赞叹为"天使的设计"。

美洲

为什么说科潘是玛雅象形文字研究最发达的地区？

玛雅城邦遗址位于尤卡坦半岛中部，是古玛雅帝国最大最繁华的城邦，始建于公元514年。其中玛雅科潘遗址是玛雅文明中最重要的地区之一，这一地区是象形文字研究最发达的地区。

玛雅文明是非常先进的古文明之一，玛雅人在公元前后就创造了象形文字。在考古过程中，科潘地区的象形文

古城遗址

字符号是书写最美、刻制最精的。例如，在科潘遗址中，有一条六七十级的梯道，用 2500 多块加工过的方石砌成，这是一座纪念性的建筑物。在梯道的每块方砖上都刻着象形文字，每个象形文字的四周均雕有花纹，梯道共刻了 2000 多个象形文字符号，它是玛雅象形文字最长的铭刻，也是世界题铭学上少见的珍贵文物，由此被称为"象形文字梯道"。不仅如此，科潘目前还是玛雅文明中发现象形文字最多的地区，可见科潘是玛雅人运用文字最发达的地区。

▼ 玛雅人遗留的古老建筑

▲ 埃及金字塔与玛雅金字塔

玛雅金字塔与埃及金字塔有什么不同?

　　奇琴伊察的中心建筑是一座耸立于热带丛林空地中的巨大金字塔，名为库库尔坎金字塔，由于是玛雅人的杰出建筑又被称为玛雅金字塔。

　　同为金字塔，玛雅金字塔与埃及金字塔有什么不同之处呢? 首先外形上有明显不同。玛雅金字塔是平顶，塔体呈方形，底大顶小，层层叠叠，塔顶的台上还建有庙宇；而埃及金字塔呈尖顶状，整体与中国的"金"字极为相似。其次，功能上有所不同，玛雅金字塔主要用以举行各种宗教仪式，只有少量玛雅金字塔具有陵墓功能；而埃及金字塔则是埃及法老的陵墓，主要用于存放法老的尸体。

古城遗址

为什么说玛雅金字塔是玛雅文明的科学体现？

玛雅金字塔是玛雅文明存在的见证，也是玛雅文明的科学体现。

玛雅金字塔的设计数据不仅具有历法、天文学上的意义，还包含了很多先进的数学知识。

奇琴伊察的中心建筑是一座耸立于热带丛林空地中的巨大

▲ 库库尔坎金字塔

金字塔，名为库库尔坎金字塔。这座古老的金字塔，在建造之前，经过了精心的几何设计，它所表达出的精确度和玄妙而充满戏剧性的效果，令后人叹为观止：每年春分和秋分两天的日落时分，北面一组台阶的边墙会在阳光照射下形成弯弯曲曲的七段等腰三角形，连同底部雕刻的蛇头，宛若一条巨蛇从塔顶向大地游动，象征着羽蛇神在春分时苏醒，爬出庙宇。每一次，这个幻象持续整整 3 小时 22 分，分秒不差。这个神秘景观被称为"光影蛇形"。每当"库库尔坎"金字塔出现蛇影奇观的时候，古代玛雅人就欢聚在一起，高歌劲舞，庆祝这位羽毛蛇神的降临。

金字塔的底座呈正方形，它的阶梯分别朝向正北、正南、正东和正西，四周各有 91 层台阶，台阶和阶梯平台的数目分别代表了一年的天数和月数；52 块有雕刻图案的石板象征着玛雅日历中 52 年为一轮回年，这些定位显然是经过设计者精心考虑过的。

库斯科古城内为什么会有西班牙、印加两种建筑风格？

　　印加国王曼科·卡帕克于公元 1200 年前后将都城从的的喀喀湖迁都这里，建成雄伟华丽的库斯科城，并以这里为中心，建立了庞大的印加帝国。既然是印加的都城，为什么古城内的部分建筑还具有西班牙风格呢？这是因为库斯科曾沦为西班牙的殖民地。

　　1533 年西班牙殖民者入侵库斯科，将这里的财宝文物洗劫一空。印加帝国最后一任国王阿塔瓦尔帕被西班牙探险家弗朗西斯科·皮萨罗处以死刑，从此印加帝国结束了 400 年的繁荣帝国历史。其后又经过几次地震和 200 多年的拉锯战，城市受到很大破坏。但城内有些印加帝国时代街道、宫殿、庙宇和房屋建筑，仍留存至今，后西班牙殖民者又修建了大批屋舍，于是古城内就出现了西班牙、印加两种建筑风格。甚至个别建筑还将两种风格融合在了一起，形成了西班牙—印加的独特建筑方式。

▼ 西班牙塞维利亚大教堂

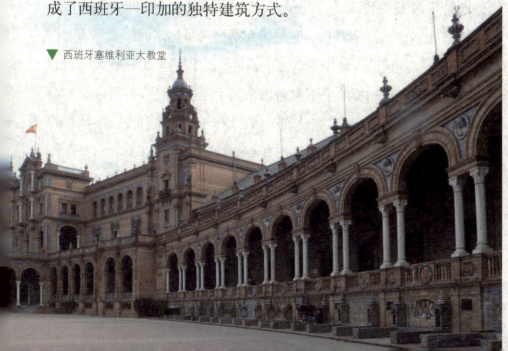

古城
遗址

▲ 太阳门

为什么太阳门被视为蒂瓦纳科文化的最杰出象征?

太阳门坐落在充满神秘色彩的蒂瓦纳科城中，公元 5 世纪到 10 世纪，蒂瓦纳科文化是影响秘鲁全境的一支文化，留下了许多耐人寻味的痕迹。遗址主要由三部分组成：一是阿卡帕纳金字塔，这是遗址中最长的建筑。二是位于一座巨大的庭院中央的石墓宫地墓。三是大卡拉萨萨亚神庙，它是蒂瓦纳科人举行宗教仪式的场所，而"太阳门"就是该遗址中最著名的古迹。太阳门是用一整块巨大的安山岩雕凿而成，门框的上下左右均布满了轮廓清晰、刀法雄健的石雕神像和各种花纹图案，门上端正中部分有一个维拉科查太阳神像的浮雕，因此得名。太阳门上浮雕所具有的神秘色彩和复杂的寓意性，体现了当时人们对于宇宙现象的理解，其中包含了深奥的历法计数系统，此外，也集中地反映了蒂瓦纳科文化的艺术特色。太阳门是美洲古代最卓越、最著名的古迹之一，被视作蒂瓦纳科文化的最杰出的象征，号称"世界考古最伟大的发现之一"。

古人为什么要在复活节岛上建造巨石像？

　　复活节岛又称"拉帕努伊岛"，意即"石像的故乡"。岛上最具神秘色彩的是一些巨石人像。在全岛发现了 1000 多尊巨人的半身人面石像，石像大小不等，高 6 ~ 23 米，重 30 ~ 90 吨。其中 600 尊整齐地排列在海边的石岛上，它们面对大海，若有所思。复活节岛上的古人为什么要修建这些巨石像呢？经过长时间的研究，考古学家们为我们解开了这个秘密。

　　巨石像约建造于公元 1000 年以前，当时的复活岛为一浓密棕榈森林覆盖的岛屿，岛上有三座死火山，火山岩质地软、重量轻，易于搬动雕刻。拉帕努伊人（复活节岛的波利尼西亚人原住民）相信岩石可以象征他们神圣信仰的永恒不灭，因此利用火山岩在 600 年间完成 800 多座巨石像。到 12 世纪时，石像的雕凿进入鼎盛时期，石像遍布全岛。

▼ 复活节岛巨石像

古城遗址

121

复活节岛上一些巨大石像为什么东倒西歪?

　　复活节岛上的石像大多立在海边,但还有部分尺寸较大的石像竖立在草丛中,还有的倒在地面上。既然岛上的居民将石像看作守护神,这些石像又为什么会东倒西歪呢?

　　复活节岛上的拉帕努伊人认为这些石像可以保佑作物丰收及好运,因此每个部落都拥有自己的石像。但随着人口增长,拉帕努伊人全盛时期曾高达七千人,巨石像的尺寸和数量也随之增加,有些石像体积甚至大到无法搬离采石场。于是人们就砍伐树木,借助木材进行搬运。不同于英国的巨石阵有无穷尽的森林木材足以移动巨石,复活节岛的棕榈林规模小,巨石像却庞大无比,最终树木被砍伐殆尽,生态系统完全被摧毁,食物逐渐短缺,也无法建造船只离开。由于复活节岛离其他岛屿十分遥远,离它最近的有人居住的岛屿也远在西边2000千米以外。被困在岛上的拉帕努伊人,甚至相互残杀取食人肉,并将情绪发泄在巨石像上,巨石像一一被推倒,成为今日残存的遗迹,徒留后人凭吊。

▼ 复活节岛上的巨石像并不全部直立,有的东倒西歪

part 4

文物珍品

图坦卡蒙黄金面具收藏在哪一博物馆?

　　图坦卡蒙黄金面具出土于古埃及法老图坦卡蒙的陵墓中。当人们打开图坦卡蒙的金棺时，黄金面具就套在图坦卡蒙木乃伊的头部和肩上。在出土的大量奇珍异宝中，黄金面具最引人注目。面具高约54厘米，宽约40厘米，重约10.23千克，同金棺一样，眼镜蛇和秃鹰徽章位于前额的中间位置。面具上镶饰着各种宝石和玻璃，眼睛由石英和黑曜石（一种像玻璃的石头）制成，眉毛和眼圈则是上好的透明蓝玉。面具下颌处垂着的胡须，象征着古埃及神话中的冥神奥西里斯。面具做工精细，表情哀愁但又宁静，看到它人们就会对图坦卡蒙的面容充满遐想。

　　图坦卡蒙的黄金面具和金字塔一样，成为古埃及历史和文化的象征，面具还被作为开罗埃及博物馆的镇馆之宝摆放在馆中最显要的位置。

◀ 图坦卡蒙黄金面具

▲ 纳美尔石板浮雕部分

为什么纳美尔石板能在东方美术史上占有重要地位？

    纳美尔石板是一块盾形石板浮雕，是当时用来表彰古埃及法老纳美尔取得埃及胜利而制成的。这块石板浮雕的画面均是横向式处理，这种呈平面的线刻手法，不仅是当时流行的一种艺术方法，也是埃及纪念碑雕刻上象形文字的最初图式，并在后来逐渐形成为基本法式，一直贯穿在整个埃及的建筑浮雕之中。

    值得注意的是，纳美尔的形象在石浮雕上显得特别大。用放大比列的办法去突出强者，是古代埃及甚至东方古代美术的共同特征，不论法老、公牛、巨兽等形象，只要是有神力的象征物，就必须放大，并赋予威力和崇敬的审美感。虽然，纳美尔石板浮雕是平面的，但由于雕刻家精心地做了想象性的空间处理，形象加线条节奏看起来十分协调，因此可以说是远古时代东方美术文物的一件精品。目前，这块石板藏于埃及开罗博物馆内。

文物珍品

125

古埃及浮雕呈现出了哪种共性？

埃及的浮雕多为薄浮雕，即图像低于背景平面的凹雕。最早的浮雕出现在法老墓室的墙壁和甬道里，记录了法老生前的生活和事迹。以后，雕刻技艺逐渐发展，壁画的浮雕，呈现出风格高雅、线条优美、内容丰富的特点，它们不仅表现富人的各种消遣，同时也描写了普通人的生产劳动，如剥麻、割谷、赶驴、脱粒、扬场等画面。有一幅浮雕画的是 4500 年前造船的场面，还有伐树、割板，以及使用扁斧、手夯和凿铲的劳动。可以看到锯、斧、锥子等已经普遍使用。有一幅金匠熔金的浮雕表现了向炉内吹风以便提高炉温。

另外，还有表现雕刻匠、石匠和皮匠进行日常劳动的作品。在古埃及

▲ 埃及浮雕作品

浮雕中，尤以人物最有特色，而且人物都是正面、端庄的静止状态，这被称为正面律。这种雕刻手法使人的形象特征更加突出和完整，这也是埃及绘画追求完整性的体现。与浮雕和绘画艺术相应的是建筑艺术的繁盛，因当时的建筑材料多用石材，所以许多作品至今仍焕发着生机。

为什么说撒哈拉岩画是非洲史前艺术的伟大成就？

　　在非洲北部，北起阿特拉斯山脉，南至热带雨林，西起大西洋，东抵红海的广大地区，以及包括今南非、莱索托、马拉维、赞比亚、津巴布韦、博茨瓦纳、纳米比亚、安哥拉直到坦桑尼亚的南部非洲都发现了大量石器时代的岩画和岩雕。从已能确定年代的岩画和岩雕来看，撒哈拉地区最古老的作品已有1.2万年以上的历史，而南部非洲最古老的作品则有2.8万年的历史。这些岩画和岩雕的主题有各种动物、人物、狩猎、采集、车马、战争等，从画面可以看出，当时撒哈拉是一个水草茂盛的地方，而南部非洲一些今天比较荒凉的地区，过去曾经有过品种繁多的动物。另外，根据作品创作的时间前后，可以反映出当时人们从狩猎生活向驯养家畜的生活过渡。画面中还反映出有军队武士的存在，并有衣着与众不同的指挥官模样的人，这在一定程度上反映了当时的社会情况。令人惊讶的是，许多岩画经过漫长的岁月，至今色泽仍很鲜艳，说明非洲古代居民在颜色的调配方面有着独到之处。

▼ 撒哈拉沙漠新石器时代的岩画

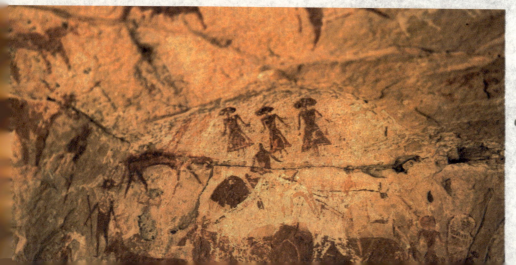

文物珍品

127

四羊方尊有什么寓意？

　　四羊方尊，商朝晚期青铜礼器，祭祀用品。高 58.3 厘米，重近 34.5 千克，是现存商代青铜方尊之中体型最大的。1938 年出土于湖南宁乡县，现收藏于中国国家博物馆。

　　四羊方尊造型雄奇，肩、腹部与足部作为一体被巧妙地设计成四只卷角羊，各据一隅，在庄静中突出动感。方尊肩上饰有四条高浮雕式盘龙，羊前身饰长冠鸟纹，圈足饰夔龙纹（在古钟鼎器物上所雕刻的一种的装饰纹样）。

　　羊在古代寓意吉祥，四羊方尊以四羊、四龙相对的造型展示了酒礼器中的至尊气象。此尊形体端庄典雅，无与伦比，被誉为青铜器"十大国宝"之一。

◀ 四羊方尊

▲ 后母戊鼎户外模型

后母戊鼎为什么享有"镇国之宝"的美誉?

后母戊鼎原称"司母戊鼎""司母戊大方鼎",于 1939 年出土于河南安阳。是商王祖庚或祖甲为祭祀母亲戊而制作的祭器,是商周时期青铜器的代表作,因鼎腹内壁上铸有"后母戊"三个字而得名后母戊鼎。

后母戊鼎通体高 133 厘米,口长 112 厘米、口宽 79.2 厘米,重达 832.84 千克,是已发现的中国古代最重的单体青铜礼器。该鼎是用陶范法铸造而成的,在商后期铸造重达 832.84 千克的后母戊鼎至少需要 1000 千克以上的原料,且在二三百名工匠的密切配合下才能完成,这足以反映商朝中期青铜铸造业的宏大规模。

后母戊鼎不仅是目前中国发现的最大最重的青铜器,也是世界迄今出土的最大最重的青铜器。目前后母戊鼎收藏于中国国家博物馆,由于鼎在古代被视为立国的重器,是政权的象征,因此后母戊鼎享有"镇国之宝"的美誉。

文物珍品

129

金缕玉衣在古时有什么作用？

金缕玉衣是玉衣的一种，用金缕编成，为汉代皇帝和贵族死后的殓服。金缕玉衣是汉代规格最高的丧葬殓服，大致出现在西汉文景时期。当时人们十分迷信玉能够保持尸骨不朽，更把玉作为一种高贵的礼器和身份的象征。

玉衣是用许多四角穿有小孔的玉片，用金丝、银丝或铜丝编缀起来的，分别称为"金缕玉衣"（帝王级）、"银缕玉衣"（诸侯王级）、"铜缕玉衣"（公侯级）。由于金缕玉衣象征着帝王贵族的身份，有非常严格的制工艺要求，工匠对大量的玉片进行选料、

钻孔、抛光等十几道工序的加工，并把玉片按照人体不同的部分设计成不同的大小和形状，再用金线相连。制作一件中等型号的玉衣所需的费用几乎相当于当时 100 户中等人家的家产总和，可以说此衣价值连城。

我国已经出土玉衣的西汉墓葬共有 18 座，而金缕衣墓只有 8 座。其中最具代表性的是河北满城一号墓出土中山靖王刘胜的金缕玉衣。它用 1000 多克金丝连缀起 2498 大小不等的玉片，轰动了国内外的考古界。

◀ 金缕玉衣

为什么曾侯乙编钟被认为是世界一大文化奇迹？

曾侯乙编钟是中国现存最大、保存最完整的一套大型编钟。1978年出土于湖北随县的一座战国早期墓葬——曾侯乙墓中。出土时，整套编钟耸立如故。

▲ 曾侯乙编钟钟体呈扁圆形

编钟在我国商朝时就已出现，最初只有3～5枚，到周朝增到9～13枚，战国时发展成61枚，而曾侯乙编钟共65枚，其中1枚是战国时楚惠王赠送的镈。春秋战国时期编钟风靡一时，和其他乐器如琴、笙、鼓、编磬等成为王室显贵的陪葬重器。

曾侯乙编钟按大小和音高为序编成8组悬挂在3层钟架上。最上层3组19件为钮钟，形体较小，有方形钮，有篆体铭文，但文呈圆柱形，枚为柱状字较少，只标注音名。中下两层5组共45件为甬钟，有长柄，钟体遍饰浮雕式蟠虺纹，细密精致。

曾侯乙编钟音域宽广，有五个八度，比现代钢琴只少一个八度。钟的音色优美，音质纯正，基调与现代的c大调相同。考古工作者与文艺工作者合作探索，用此钟演奏出各种中外名曲，无不令人惊叹。曾侯乙编钟是中国古代音乐史上的一个光辉成就，同时它高超的铸造技术和良好的音乐性能，也改写了世界音乐史，被中外专家、学者称为"稀世珍宝"。

文物珍品

秦始皇为何要将陵墓建在骊山？

秦始皇执政于都城咸阳，却为何将自己的陵墓建在骊山呢？

首先，秦始皇陵园选在骊山脚下完全符合当时晚辈居东的礼制。秦始皇先祖及太后的陵园葬在临漳县以西的芷阳一带，秦始皇陵园选在芷阳以东的骊山是当时的礼制所决定的，因为古代帝王陵墓往往按照生前居住时的尊卑、上下排列。《礼记》、《尔雅》等书记载："南向、北向、西方为上"。既然先祖墓均葬在临漳县以西，而作为晚辈的秦始皇只能埋在芷阳以东了。

其次，陵墓位置的选择也与当时"依山造陵"的观念相关。大约自春秋时代开始，各诸侯国国君相继兴起了"依山造陵"的风气。许多国君墓不是背山面河，就是面对视野开阔的平原，甚至有的国君墓干脆建在山巅之上，以显示生前的崇高地位和皇权的威严。秦始皇陵园南依骊山，北临渭水，其东侧还有一道人工改造的鱼池水，由此可见其陵墓的风水特点是南面背山，东西两侧和北面形成三面环水之势。如此一块风水宝地，也难怪能被企图传之于万世的封建帝王看中了。

▼ 骊山景观

▲ 秦始皇陵兵马俑

为什么秦始皇陵兵马俑被誉为世界第八大奇迹？

秦始皇陵兵马俑位于秦始皇陵兵马俑陪葬坑内，于公元前246年至公元前208年修建。兵马俑坑有三座，位于陵园东侧1500米处，坐东向西，呈品字形排列，三座俑坑占地面积达2万平方米。

在俑坑内现已发现和真人、真马大小相似的陶俑7000多名，陶马600多匹。陶俑分为步兵俑、军吏俑、将军俑、车士俑、立射俑、跪射俑、武士俑等不同的兵种，这些兵马俑面部神态、服式、发型各不相同，个个栩栩如生，形态逼真。

兵马俑坑中的每乘战车前都驾有四匹陶马。陶马的大小和真

文物珍品

133

▲ 驷马战车

马相似，身长约 2.10 米，通高 1.72 米。四马的造型基本相同，马匹都剪鬃缚尾，仰首张口做嘶鸣状，异常神骏。

这些兵马俑都制作精细，工艺水平极高，且这些兵马俑都是彩绘兵马俑。在最初出土时，大多数兵马俑都呈一种罕见的亮紫色。据科研人员研究，这是一种还未在自然界中发现的紫色颜料——硅酸铜钡，秦俑是最早使用它的实物，因此被称作中国紫。

秦始皇陵兵马俑不仅在于它是世界雕塑艺术史上的经典之作，还在于如此之多的陶俑是围绕着一个主题展现的艺术群雕，这在世界艺术史上是绝无仅有的，秦始皇陵兵马俑也因此被誉为"世界第八大奇迹"。

为什么仰韶文化能体现中国农业的发展历史？

仰韶文化遗址，位于河南省三门峡市渑池县城北9千米处的仰韶村。仰韶文化，因在河南渑池仰韶村发现，所以得了此名。仰韶文化也称彩陶文化，多数是粗陶。仰韶文化遗址从发现至今，人们发现了许多用于农耕的石器有斧、铲、凿、锛等工具；用于狩猎的有石镞、弹丸、石饼等；用于纺织的有线坠、纺轮、骨针、骨锥等。当时人们的生活用具均为陶质，出土器物中有鼎、罐、碗、盆、钵、杯、瓮、缸等。特别引人注目的是陶器上精美的装饰图案，其纹饰有宽带纹、网纹、花瓣纹、鱼纹、弦纹和几何图形纹等。这些纹饰充分反映了古代劳动人民的聪明智慧和对生活美的追求。精美的彩陶是仰韶文化独具的特征。此外，人们

▲ 仰韶文化遗址出土的小口尖底陶瓶

还在这里发现了大量珍贵文物，其中最具有价值的就是数十斤5000千年前的小米，由此说明中国农业发展具有悠久的历史。

文物珍品

为什么敦煌飞天是世界美术史上的一个奇迹？

▲ 飞天形象

在神话传说中，飞天是侍奉佛陀和帝释天的神，能歌善舞。在莫高窟的壁画上，处处可见漫天飞舞的美丽飞天，飞天在无边无际的茫茫宇宙中飘舞，有的手捧莲蕾，直冲云霄；有的从空中俯冲下来，势若流星；有的穿过重楼高阁，宛如游龙；有的则随风漫卷，悠然自得。画家用那特有的蜿蜒曲折的长线、舒展和谐的意趣，呈献给人们一个优美而空灵的想象世界。

从艺术形象来说，敦煌飞天不是一种文化的艺术形象，而是多种文化的复合体。飞天的故乡在印度，但敦煌飞天却是印度文化、西域文化、中原文化共同孕育成的。它是印度佛教天人和中国道教羽人、西域飞天和中原飞天长期交流，融合为一。它是不长翅膀不生羽毛、没有圆光、借助云而不依靠云，主要凭借飘逸的衣裙、飞舞的彩带而凌空翱翔的飞天。所以说，敦煌飞天是中国艺术家极富天才的创作，是世界美术史上的一个奇迹。

《清明上河图》描绘的是哪里的繁荣景象？

《清明上河图》是中国十大传世名画之一，是北宋画家张择端仅见的存世精品，属国宝级文物，现藏于北京故宫博物院。

《清明上河图》描绘了北宋时期都城东京(今河南开封)的状况，主要是东京及汴河（开封城内的一条连接长江、黄河的大河）两岸的自然风光和繁荣景象。此图宽 0.252 米，长 5.25 米，在 5 米多长的画卷里画有 1695 人，各种牲畜 60 多匹，木船 20 多只，房屋楼阁 30 多栋，推车乘轿也有 20 多件。如此丰富多彩的内容，为历代古画中所罕见。各色人物从事的各种活动，不仅衣着不同，神情气质也各异，而且穿插安排着各种活动，其间充满着戏剧性的情节冲突，令观者看罢，回味无穷。如此规模的巨制在中国乃至世界绘画史上都是独一无二的。

《清明上河图》反映了北宋时的一些风俗，体现了宋代建筑的特征，具有很高的历史价值和艺术价值。

▼ 《清明上河图》局部

文物珍品

《鹿野苑说法的佛陀》表现了关于佛陀的什么传说？

《鹿野苑说法的佛陀》约创作于公元 5 世纪，雕像高 159 厘米，是笈多王朝最著名的雕塑作品之一，现收藏于印度萨拉那特博物馆。

这尊雕像表现的是佛陀在鹿野苑初次说法的传说。雕像中佛陀端坐在台座之上，双手放在胸前，面部表情静谧、端庄而安详，眼帘低垂，目光凝视着鼻尖。他的嘴唇浮现出发自内心的微笑，带出一丝宗教的神秘意味，似乎表示他已经看到了人生的真谛。端坐的佛陀从头顶沿两肩直到双膝，形成一个稳定的三角形，体现了佛心的宁静、内向与舒展。佛的头后有一个巨大精美的光环，装饰有极其富丽的花纹，顶部两角还各有一飞天向内飞舞，象征着佛陀已进入了圆觉无碍的精神境界。佛像的基座正面浮雕中间刻有法轮，两侧跪拜着两只鹿、五比丘和母子信徒，他们都在虔诚地聆听着佛陀的教诲。

◀ 青铜佛像

▲ 日本镰仓大佛

镰仓大佛以哪种美而著称于世?

　　镰仓大佛是日本第二大佛，为阿弥陀佛如来青铜坐像，位于古都镰仓的净土宗寺院高德院内。

　　佛像建造于 1252 年，净高 11.3 米，连台座高 13.35 米，重约 121 吨。大佛露天盘坐在两米多高的台基上，双手放置膝上，手握弥陀定印。大佛雕工精巧，形象生动，服饰线条流丽，衬托着饱满、丰盈的体态，佛面丰润，沉静而威严，给人一种安定、若有所思的美感。因此大佛又以"安定美"著称，被誉为镰仓的象征、日本的国宝。

文物珍品

欧 洲

为什么掷铁饼者被认为是"空间中凝固的永恒"？

掷铁饼者为大理石雕复制品，高约152厘米，罗马国立博物馆、梵蒂冈博物馆、特尔梅博物馆均有收藏，原作为青铜，是希腊雕刻家米隆作于约公元前450年。

此雕塑刻画的是一名强健的男子在掷铁饼过程中最具有表现力的瞬间：人体动势弯腰屈臂成S型。这使单个的人体富于运动变化，但这种变化常常造成不稳定感，所以作者将人物的重心移至右足，让左足尖点地以支撑辅助，以头为中心两臂伸展成上下对称，从而使不稳定的躯体获得稳定感。身体的正侧转动，下肢的前后分列，既符合掷铁饼的运动规律，又造成单纯中见多样变化的形式美感。

雕塑的人体美和运动美表现出极强的生命力，此雕像也因此被誉为"体育运动之神"。

◀掷铁饼者仿制作品

为什么《赫尔墨斯和小酒神》雕像是雕塑艺术的进步？

《赫尔墨斯与小酒神》为大理石雕塑，高213厘米，是杰出雕刻家普拉克西特列斯于公元前330年左右的作品。此雕塑被发现于奥林匹亚的赫拉神庙遗址中，现收藏于奥林匹亚考古博物馆。

赫尔墨斯是希腊神话中的商业和信息之神，是主神宙斯的儿子，小酒神是幼年的狄奥尼索斯，也为宙斯之子。据说这尊雕塑表现的是赫尔墨斯带着还是婴儿的酒神狄奥尼索斯到山野精灵那里去作客，在途中歇息的情景。赫尔墨斯姿态安详，身体曲线柔和，倚在一个树桩上，右脚支撑着全身的重量，左脚放松，左手抱着婴儿。赫尔墨斯的手臂已断，据说他正拿着一串葡萄逗弄小酒神。这种轻松、随意的动作，把生活的气氛灌注到了神话的形象中，整个作品洋溢着一种诙谐轻松的情调。

赫尔墨斯与小酒神雕像 ▶

文物珍品

141

为什么说《波尔格塞的战士》是希腊化时期的写实主义作品？

《波尔格塞的战士》是希腊化时代雕像，创作于公元前2世纪至公元1世纪，原作为青铜像，现作为罗马大理石复制品，高1.99米，收藏于法国巴黎卢浮宫博物馆。

雕像是雕塑家阿加西亚斯（生平不详）所作，因曾收藏于罗马波尔格塞别墅而得名。

作品刻画的是一位正在进行格斗的斗士的瞬间动态：这名战士头侧偏，目光犀利，似乎正凝视着对手，一手原来可能握盾牌前伸，似正抵挡着对手的攻击；一手仿佛执剑有力后摆，即将出击。相对的右腿前踏，左腿后蹬，上身前倾，蕴含着无尽的力量，给人以强烈的动感。

战士的形象被塑造得十分逼真，人体解剖结构准确、无懈可击，以至于直到现在人们仍把它看作是学习人体解剖知识的典范。这尊雕塑表现了希腊化时期的艺术家们已经达到了写实主义的高峰，他们对人体形象的观察和表达也达到了一个新的高度，因此说作品不是简单的知识堆砌和纯自然的模仿，而是在写实的基础上创造出了美和力量，这正是作品给后人留下的最为深刻而难忘的印象。

◀ 波尔格塞的战士

为什么胜利女神雕像被认为是动态的最完美的作品？

▲ 胜利女神雕塑

萨莫色雷斯的胜利女神雕像于 1863 年被发现于爱琴海北部的萨莫色雷斯岛，约创造于公元前 190 年，现保存于法国卢浮宫，为卢浮宫镇馆三宝之一。

虽然胜利女神是希腊雕塑中的常见题材，但这一尊却与众不同。雕像的构思十分新颖，底座被设计成战船的船头，胜利女神犹如从天而降，于船头引导着舰队乘风破浪冲向前方。她上身略向前倾，那健壮丰腴、姿态优美的身躯，高高飞扬雄健而硕大的羽翼，都充分体现出了胜利者的雄姿和欢呼凯旋的激情。雕像的衣饰，随着迎面吹来的海风紧贴在女神的身上。衣角向后飘起，极为细腻流畅的线条，让人仿佛能感觉到女神丰满而富有弹性的肌肤。衣裙的质感和衣褶纹路的雕刻令人叹为观止。

作品既表现了海战的背景，又传达了胜利的主题。虽然女神的头和手臂都已丢失，但仍被认为是古希腊雕塑家们高度艺术水平的杰作，无论从哪个角度，观赏者都能看到和感受到胜利女神展翅欲飞的雄姿。

对"胜利女神"雕像，业内专家一致认为：她是已知雕像中热情奔放与动态结合最完美的作品。

文物珍品

143

拉奥孔群雕为什么被推崇为最完美的作品？

　　拉奥孔群雕为大理石雕刻作品，雕像高约 184 厘米，是希腊化时期的雕塑名作。约创作于公元前 1 世纪，1506 年出土于罗马，轰动一时，被推崇为世上最完美的作品。现收藏于罗马梵蒂冈美术馆。

　　雕像中，拉奥孔位于中间，神情处于极度的恐怖和痛苦之中，正在极力想使自己和他的孩子从两条蛇的缠绕中挣脱出来。他抓住了一条蛇，但同时臀部被咬住了；他左侧的长子似乎还没有受伤，但被惊呆了，正在奋力想把腿从蛇的缠绕中挣脱出来；父亲右侧的次子已被蛇紧紧缠住，绝望地高高举起他的右臂。这三个由于苦痛而扭曲的身体，所有的肌肉运动都已达到了极限，甚至到了痉挛的地步，表达出在痛苦和反抗状态下的力量和极度的紧张。每个参观者都能感觉到似乎痛苦流经了所有的肌肉、神经和血管，紧张而惨烈的气氛弥漫着整个作品。此雕塑作品也因此被誉为是古希腊最著名、最经典的雕塑杰作之一。

拉奥孔群雕 ▶

《自杀的高卢人》描写
的是什么故事?

《自杀的高卢人》雕像创作于公元前 2 世纪,高约 211 厘米,现收藏于罗马特而默 (Terme) 博物馆。

公元前 241 年,古希腊人击退了高卢人的猛烈进攻,在柏加马王国建立了卫城,并在广场上建立了胜利纪念碑性雕塑群像。《自杀的高卢人》是其中的作品。

作品表现的是被打败的高卢人首领,为了不作敌方阶下囚而受辱,勇敢而坚定地选择自杀。他先亲手杀死了自己的妻子,然后准备自刎。他左手搀着已被他杀死了的妻子,右手执剑往自己的左胸口刺入。身子站立着,眼睛向后面追来的敌人投射出无比的愤怒。具有一种宁死不屈的壮烈姿态。可以说此作品传达出来的艺术效果与塑造者的意愿正好相反,但其高超的雕塑水平仍使这幅作品成为后来广场雕塑像的范本。

文物珍品

145

《最后的晚餐》结构布局有什么特色？

　　《最后的晚餐》高4.6米，宽8.8米，达·芬奇构图时将画面展现于饭厅一端的整块墙面，再利用透视原理，使观众感觉房间随画面做了自然延伸。为了构图效果，使徒坐得比正常就餐的距离更近，并且分成四组，在耶稣周围形成波浪状的层次。越靠近耶稣的门徒越显得激动。耶稣坐在正中间，他摊开双手镇定自若，和周围紧张的门徒形成鲜明的对比。耶稣背后的门外是祥和的外景，明亮的天空在他头上仿佛形成一道光环。他的双眼注视画外，仿佛看穿了世间的一切炎凉。

　　画面中的人物，或惊恐，或愤怒，或怀疑的神态被作者刻画得精细入微，惟妙惟肖。

　　这种典型性格的描绘与画题主旨密切配合，构图多样统一，效果互为补充，使此画无可争议地成为世界美术宝库中最完美的典范杰作。

◀ 《最后的晚餐》壁画

《蒙娜丽莎》的微笑为什么被视为最神秘的微笑?

　　《蒙娜丽莎》是文艺复兴时代画家列奥纳多·达·芬奇所绘的丽莎·乔宫多的肖像画。现收藏于法国卢浮宫。

　　《蒙娜丽莎》是一幅享有盛誉的肖像画杰作。它代表达·芬奇的最高艺术成就。处在文艺复兴时期的达·芬奇在人文主义思想影响下，着力表现人的感情，他追求神韵之境。在蒙娜丽莎的脸上，微暗的阴影时隐时现，使其双眼与唇部披上了一层面纱。人的笑容主要表现在眼角和嘴角上，但达·芬奇却偏把这些部位画得若隐若现，没有明确的界线，那如梦似的妩媚微笑让人捉摸不定，因此被不少美术史家称为"神秘的微笑"。由此几百年来，人们对这"微笑"进行了各种猜测和分析，也衍生了关于女主人公的种种故事。荷兰阿姆斯特丹的一所大学应用"情感识别软件"分析出蒙娜丽莎的微笑包含的内容及比例：高兴83%，厌恶9%，恐惧6%，愤怒2%。不管人们如何进行分析猜测，《蒙娜丽莎》数百年来一直都被誉为最名贵的肖像画。

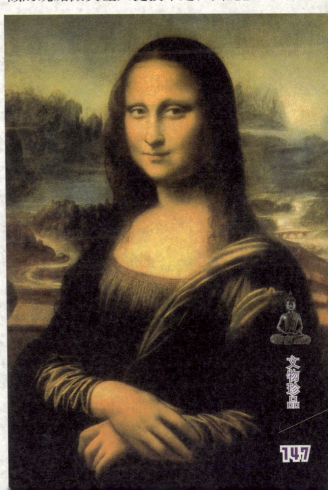

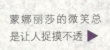
蒙娜丽莎的微笑总是让人捉摸不透 ▶

文物珍品

人们为什么对水晶头骨感到震惊？

　　1927 年在中美洲洪都拉斯玛雅神庙中，人们发现了一个水晶头颅，这颗水晶头颅骨完全以石英石加工研磨而成，大小几乎和人类的头颅骨相同。

　　这个水晶头颅高 0.127 米，重 5.2 千克，是依照一个女人的头颅雕成的。根据玛雅古代传说，这个水晶头颅具有神奇的力量，是玛雅神庙中求神占卜的重要用具。当令人感到震惊的是：这颗水晶头骨从外观到内部结构，都雕刻得非常逼真，与人的颅骨骨骼构造完全相符。头骨的工艺水平极高，隐藏在基底的棱镜和眼窝用手工琢磨的透镜片组合在一起，发出炫目的亮光。我们知道，现代光学技术产生于 17 世纪，而人类准确地认识自己的骨骼结构更是 18 世纪解剖学兴起以后的事。这个水晶头颅骨却是在非常了解人体骨骼构造和光学原理的基础上雕刻成的，玛雅人是怎样掌握这些高深的解剖学和

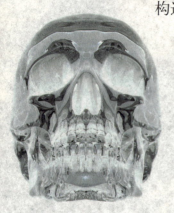

▲ 水晶头骨

光学知识的呢？另外，水晶的硬度很高，即使今天也只能借助金刚石

▲ 柯约莎克浮雕

等现代工具进行加工。而研究证实，此水晶头颅骨是利用某种碰撞力量雕刻成的，而现代科技仍未掌握此项技术。现代人引以为傲的工艺技术跟这个水晶头颅骨比起来，也不免黯然失色！

为什么阿兹特克文明是墨西哥古代文明中最灿烂的一页？

阿兹特克文明是西班牙殖民者入侵之前的最后一个古代墨西哥文明，虽然很短暂，但却是墨西哥古代文明中最灿烂的一页，因为它创造了令世界为之惊叹的文明。阿兹特克人的雕塑艺术曾经达到了非常高的水平，它以巨大的规模，繁缛的象征图案、骚动的生命力和狂热的宗教感情产生一种深沉、震慑人心的感染力，唤起人们对那个充满了血与火的神秘而威严的年代的向往与回忆。其中，柯约莎克浮雕就出现在这一时期。柯约莎克是阿兹特克人的月亮女神，月亮女神是牺牲者生前的最后一个同情者，也是他去往冥界的第一个使者。女神死去而有灵气，是战士也是女人，她有着光洁的身体，也有繁杂的装饰，表现了阿兹特克人艺术的一些特点。

文物珍品

玛雅浮雕中蕴藏着什么样的秘密?

玛雅文明是拉丁美洲古代印第安人文明,而美洲古代印第安文明的杰出代表,以印第安玛雅人而得名。在谜一般的玛雅遗迹中,考古学家搜寻找到许多玛雅文物,其中有许多令人难以理解其含义,而更令人惊讶的是,其中有些可以辨识的图案,竟然与现代尖端科技非常接近。

1948 年至 1952 年间,墨西哥籍考古学家在巴伦杰神殿的碑铭神庙中发现,在巨大石室的墙上刻有九位盛装的神官及一位带有奇妙头饰的青年浮雕。经过仔细观察,这个青年头上戴着头盔,正在操作一台类似飞行器的机器。发现者在碑文中还解读出这样的文字:"白色的太阳之子,仿效雷神,从两手中喷出火……"

考古学家认为,这个雕塑恐怕是古代玛雅人对太阳崇敬想象出来的情景。但是,根据石雕和碑文中所记载的却是"事实"。如果这张图真是当初玛雅人照着他们建造的机器画的,那么他们已经具备太空探险的能力。也许精密的历法,正是遨游太空的玛雅人所需要的。

作为世界上唯一一个诞生于热带丛林而不是大河流域的古代文明,它在科学、农业、文化、艺术等诸多方面都做出了极为重要的贡献。玛雅文明是哥伦布发现美洲大陆之前人类取得的惊人成就,但是,与奇迹般的崛起和发展一样,其衰亡和消失也充满神秘色彩。至今,人们仍在不断的探索之中。